KB238551

우리 아버지

우리 아버지

우리 아버지
프란치스코 교황과 함께 드리는 주님의 기도

초판 1쇄 발행 2018년 1월 1일   초판 2쇄 발행 2018년 3월 14일
교회 인가 2018년 1월 9일

지은이 프란치스코 교황, 마르코 포짜 신부 ㅣ 옮긴이 성염
펴낸이 황정하 ㅣ 편집 김윤정 ㅣ 디자인 새와 나무 ㅣ 펴낸곳 한마당
출판등록 1979년 2월 ㅣ 등록번호 제 1-515호
주소 (우)03968 서울시 마포구 성미산로 5길 8, 102호. 대한민국
전화 02-422-6246 ㅣ 팩스 02-422-6201 ㅣ 전자우편 hmdbooks1@gmail.com

ⓒ Libreria Editrice Vaticana, Città del Vaticano
ⓒ 2017 Rizzoli Libri S.p.A. / Rizzoli, Milan

Korean Translation ⓒ Hanmadang
Arranged through Icarias Agency, Seoul.

이 책의 한국어판 저작권은 Icarias Agency를 통해 Rizzoli Libri와 독점 계약한 한마당에 있습니다.
저작권법에 의하여 한국 내에서 보호를 받는 저작물이므로 무단 전재와 복제를 금합니다.

ISBN 978-89-85512-84-8 03230

이 책은 판매 수익금의 일부를 가난하고 소외된 이웃을 위해 기부합니다.

이 도서의 국립중앙도서관 출판예정도서목록(CIP)은 서지정보유통지원시스템 홈페이지(http://seoji.nl.go.kr)와
국가자료공동목록시스템(http://www.nl.go.kr/kolisnet)에서 이용하실 수 있습니다.(CIP제어번호: CIP2017032674)

Padre nostro

프란치스코 교황과 함께 드리는 주님의 기도

우리 아버지

프란치스코 교황·마르코 포짜 신부 지음

성 염 옮김

Padre nostro che sei nei cieli, sia santificato il tuo nome,
venga il tuo regno, sia fatta la tua volontà sia fatta la tua volontà
come in cielo così in terra. Dacci oggi il nostro pane quotidiano,
e rimetti a noi i nostri debiti come noi li rimettiamo ai nostri debitori,
e non ci indurre in tentazione, ma liberaci dal male.

한마당

아버지께 기도하기

'아버지.'

이 말을 하지 않고 이 말이 들리지 않으면, 우리는 기도를 드릴 수 없습니다.

우리가 누구한테 기도합니까? 전능하신 하느님? 너무 멉니다. 그분을 가까이 느끼지 못합니다. 예수님도 그런 느낌을 받으셨습니다. 다시 묻습니다. 누구한테 기도합니까? 우주에 계신 하느님? 요즘은 우주의 하느님께 기도하기도 합니다. 이는 유행처럼 내세우는 다신론의 주장이므로 주의해야 합니다.

그대는 아버지께 기도해야 합니다. '아버지', 참 강력한 단어입니다. 그대를 낳아 주신 분에게 기도드려야 합니다. 그대에게 생명을 주신 분에게 기도드려야 합니다. 아버지는 우리 모두에게 생명을 주셨습니다. 그렇습니다. 하지만 '모두'라고 하면 너무 막연합니다. 다름 아닌 그대에게 생명을 주셨습니다. 나에게 생명을 주셨습니다. 그대의 발걸음에 동행하는 분이시기도 합니다. 그대의 삶을 고스란히 알고 계십니다. 좋은 일도, 그렇지 않은 일도 알고 계십니다. '아버지'로 기도를 시작하지 않는다면, 입술 아닌 마음에서 우러나오는 이 낱말이 아니라면, 우리는 '그리스도인답게' 기도를 드릴 수가 없습니다.

우리에게는 아버지가 계십니다. 아주 가까이 계셔서 우리를 안아 주십니다. 우리가 간직하고 있는 모든 시름, 모든 걱정을 아버지께 맡겨 드립시다. 우리한테 무엇이 필요한지 아버지가 아십니다. 하지만 어떤 의미로 '아버지'라고 부릅니까? 내 아버지? 아닙니다. **우리 아버지**'십니다. 내가 외아들이 아닌 까닭이지요. 그대도 마찬가지입니다. 우리 누구도 그분의 외아들이 아닙니다. 이웃과 형제가 될 수 없다면 아버지의 아들이 되기는 퍽 힘듭니다. 그분이 모두의 아버지이시기 때문이지요. 물론 내 아버지시지만 이웃의 아버지도 되시고, 마찬가지로 내 형제의

6

아버지십니다. 그리고 내가 형제와 화목하지 못하면 그분께 '아버지'라는 말씀을 드릴 수가 없습니다.

원수와 더불어 기도를 드릴 수는 없는 법입니다. 형제지간이라도 마음에 원한이 맺힌 사람과 함께 기도하기란 여간 어려운 게 아닙니다. 그 일이 쉽지 않음은 나도 잘 압니다.

"'아버지'라니. 난 아버지라고 말씀드릴 수가 없어. 마음이 안 내키니까."

맞습니다. 그 심정이 어떤지 알 만합니다.

"'우리' 아버지라고 말씀드릴 수도 없어. 내 형제가, 내 원수가 나한테 이런저런 못된 짓을 했거든. 그들은 지옥에 가야 마땅하다고. 나와 형제가 될 수 없어."

맞습니다. 절대 쉽지 않아요. 하지만 예수님은 우리한테 성령을 주시마고 약속하셨습니다. 성령이 우리 안에서, 마음속에서 우리한테 가르쳐 주십니다. 어떻게 '아버지'라고 말씀드릴지, '우리 아버지'라고 말씀드릴지. 성령께 청합시다. 우리가 '아버지'라고 말씀드릴 수 있게 가르쳐 달라고. '우리 아버지'라고 말씀드리게 해 달라고. 우리가 원수진 모두와 화목하게 만들어 달라고.

이 책은 '주님의 기도'를 두고 마르코 포짜 신부님과 제가 나눈 대화를 담았습니다. 예수님이 우리에게 이 기도를 넘겨주신 까닭은 그냥 하느님께 아뢸 기도문으로 삼으라는 것이 아닙니다. 이 기도로 '아버지께' 말씀을 여쭈라고, 우리가 그분의 친아들임을 깨닫고 그렇게 살라고, 우리가 서로 형제간으로 살라고, 이 기도를 가르치셨습니다. 아버지께 사랑받는 게 어떤 것인지도 우리한테 보여 주십니다. 우리에게 사랑을 쏟아붓고 싶어 하심을, 영원으로부터 당신 아드님께 품고 계시는 사랑을 우리에게도 쏟아붓고 싶어 하심을 드러내 보이십니다.

내 바람은 이것입니다. 우리 각자가 '우리 아버지'라는 말씀을 드릴 적마다 사랑받고 있음을 발견했으면, 사랑과 용서를 받고 성령의 이슬로 흠뻑 적셔졌음을 느꼈으면 합니다. 그래야만 우리 차례가 되어 다른 형제를, 다른 자매를 사랑하고 용서하는 능력이 생기지요. 그래야 낙원에 대한 개념도 생깁니다.

Francesco

차례

Padre nostro che sei nei cieli,

sia santificato il tuo nome,

venga il tuo regno,

sia fatta la tua volontà

come in cielo così in terra.

Dacci oggi il nostro pane quotidiano,

e rimetti a noi i nostri debiti

come noi li rimettiamo ai nostri debitori,

e non ci indurre in tentazione,

ma liberaci dal male.

1

우리 아버지

—

성하,[1] 2013년 3월 13일 저녁은 저에게 좀 특별했습니다. 텔레비전 앞에 앉아 있었고 저녁기도를 막 암송한 다음이었습니다. 그러니까 교회 전례상으로는 이미 3월 14일에 들어서 있었습니다.[2] 3월 14일은 제 모친의 생일입니다. 3월 13일에 성하는 바티칸 회랑에 나오셨고, 그때부터 '프란치스코', '교황 프란치스코'로 불리기로 하셨다는 소식에 저는 크게 놀랐습니다. '우리 교황님이 프란치

1. 가톨릭 신자들은 교황을 '성하(聖下, Santo Padre, Holy Father, 거룩한 아버지라는 뜻)'라는 존칭으로 부른다.
2. 가톨릭 전례력典禮歷으로는 해거름부터 이튿날로 간주된다. 특히, '저녁기도Vesperae'가 생긴 이후로 이것이 일반화되었다.

스코라니….' 그날 저녁, 저는 하느님이 그토록 우리 가까이 계시다는 걸 깨달았습니다. 전에는 한 번도 그런 느낌이 없었습니다. 바로 그런 까닭에 '성하'라고 부르면서 이야기를 시작하고 싶습니다. 이유는 두 가지입니다. 첫째, 이 호칭에는 '아버지'라는 단어가 들어 있어 부자 관계임을 느끼게 합니다. 둘째, '거룩한'이라는 낱말이 있어 성하가 하느님의 거룩하심을 반포하는 아버지임을 알 수 있습니다. 바로 이 대목에서 대화를 시작할까 합니다. 왜냐하면 이 기도, 제가 어린아이였을 적에 제 부친이 가르쳐 준 '주님의 기도'에는 당신의 피조물들이 감히 말을 놓아도 되는 하느님[3]이 등장해서 놀랍기 때문입니다. 성하가 하느님께 '너'라고 말을 놓으면서 '주님의 기도'를 올릴 때 어떤 감정이신지 알고 싶습니다.

포짜 신부님, 나는 그렇게 하는 것이 안심이 됩니다. 여기서 이야기를 시작해 볼까요? '주님의 기도'는 나한테 안도감을 줍니다. 뿌리 뽑힌 느낌, 다시 말해 고아라는 기분이 안 듭니다. 나에겐 아버지가 계십니다. 나를 위해 역사

---

3. 높임말이 따로 없는 언어(예를 들어 이탈리아어)에서는 하느님께 '너'라는 친근한 호칭을 쓴다.

하시고, 뿌리를 보게 하시고, 지켜 주시고, 나를 앞으로 나아가게 해 주시는 아빠가 계십니다. 아빠 앞에서는 나도 늘 어린아이가 됩니다. 그분은 크신 존재이며, 하느님이시니까요. 예수님도 그렇게 하라고, 어린아이처럼 느끼라고 당부하셨습니다. 하느님은 아버지라는 존재가 갖는 든든함을 주십니다. 그대와 함께 다니시고 그대를 기다려 주십니다. 루카 복음서 15장의 비유를 헤아려 봅시다. '잃어버린 양' 혹은 '방탕한 아들'이라고도 하지요.[4] 그대가 택한 길이 험난해지면, 그대는 아버지 앞에 아뢸 장황한 말을 떠올립니다. 그러나 아버지는 그대가 그러기 전에 그냥 안아 주시고 잔치를 베풀어 주십니다. "다음엔 조심하렴. 이런 점을 한번 생각해 보려무나."라는 식의 충고는 할지언정, 그대를 그냥 자유롭게 놓아두십니다. 내 생각에 오늘날 세상은 '아버지다움'에 대한 감각을 잃어버린 듯합니다. 고아로 가득한, 병든 세상입니다. '주님의 기도'에서 '우리'라는 말을 입 밖에 내거나 귀로 듣는다 함은, 내가 외동이 아님을 알아챈다는 뜻입니다. 나 혼자라는 생각은 위험합니다. 우리가 자칫 범하기 쉬운 착각입니다.

4. 한국가톨릭교회의 성경에는 '되찾은 양의 비유', '되찾은 아들의 비유'라는 제목이 붙어 있다.

아닙니다, 아니에요. 모두가 한 분, 아버지의 자녀들입니다. 멸시받는 이들까지도. 여기 예수님이 하시는 말씀을 보세요. "죄인들, 창녀들, 즉 버림받은 이들이 너희보다 먼저 하늘나라에 들어가리라."라고 하십니다. '모두 들어가리라'고.[5]

저희는 할 수만 있다면 하늘나라에도 '사유지'라는 푯말을 붙이고 남을 존재인지 모릅니다. 오직 내 땅이라는 것입니다. 이건 정말 유혹과도 같습니다. 외아들만 둔 하느님, 그런 하느님께 기도하기란 참 쉽습니다. 제가 바로 그 외아들일 테니까요. 그런데 아버지가 '우리 아버지'이심을 안다면 저희가 좀 덜 외로울지도 모르겠습니다. 어려움에 부닥친 순간에도, 잠시 생각을 놓친 순간에도 말입니다.

너희를 고아로 버려두지 않겠다

'아버지', 우리 그리스도인들에게는 가장 사랑스러운 낱

---

5. 마태오 복음서 25장 31절 참조: "내가 진실로 너희에게 말한다. 세리와 창녀들이 너희보다 먼저 하느님의 나라에 들어간다."

말입니다. 예수님이 하느님을 이렇게 부르라고 가르쳐 주신 이름이니까요. 예수님이 하느님께 말씀드리던 어법에서 시작해서, 그분과 당신이 특별한 관계임을 드러내시는 어법에 이르기까지, 이 이름은 새로운 심오함으로 다가옵니다. 하느님의 신비스럽고도 복스러운 내면, 곧 하느님은 아버지, 아들, 성령이라고 예수님이 계시하신 이 신비야말로 그리스도교 신앙의 핵심입니다.

'아버지'는 누구에게나 알려진 보편적 낱말입니다. 이 말은 근본 관계를 가리킵니다. 이는 인간의 역사만큼이나 오래된 사실입니다. 하지만 오늘날 우리 사회는 '아버지 없는 사회'라고 해도 과언이 아닙니다. 특히 서구 문화에서는 아버지가 있으나 마나 하고 기가 빠지고 속 빈, 상징적인 부분마저도 유명무실한 이미지가 되어 버렸습니다. 처음에는 이런 현상이 일종의 해방처럼 여겨졌습니다. 가부장家父長의 속박에서 벗어나 자유를 얻은 것처럼 말이지요. 흔히 아버지는 외부의 율법을 대표하는 존재이자, 자녀들의 행복을 검열하고 젊은이들의 자유와 자율을 방해하는 사람처럼 여겨졌습니다. 때때로, 특히 과거 권위주의에서는 아버지가 이런 이미지로 통했고, 흔히 학대로 이어졌습니다. 부모는 자녀를 종처럼 다뤘고, 자녀가 성장하면서 생기는 개인적인 필요 따위는 존중하지 않았습니다. 자녀가 자유롭게 자기 길을 찾아 나가는 걸 허락하지 않던 아버지들(물론 자유를 주며 자녀를 가르치기란 쉽지 않지요), 자녀가 자신의 장래와 사회의 미래를 세우는 데 책임감을 갖도록 돕지 않던 아버지들이 그렇습니다.

분명히 이것은 바람직한 태도가 아닙니다. 그렇지만 흔히 그렇듯이 한쪽 극단에서 다른 쪽 극단으로 넘어가는 게 현실입니다. 오늘날은 예전처럼 아버지의 존재가 자녀에게 미치는 침해보다도 아버지의 부재, 즉 잠적이 문제입니다. 아버지들이 자기 자신과 자기가 하는 일에 너무 몰두하고, 때로는 자아실현에만 집중하느라 가정마저 잊습니다. 어린아이들과 젊은이들을 방치합니다. 나는 부에노스아이레스 주교로 있을 때부터 현대 청소년들이 고아와 다를 바 없는 신세임을 깨달았습니다. 아빠들을 보면 자주 물었습니다. 자녀들하고 잘 노는지, 자녀들을 위해 아까운 시간을 '허비'할 용기가 있는지, 그만한 사랑이 있는지 묻곤 했습니다. 돌아오는 답변은 대부분 한심스러웠습니다. "아이고, 안 돼요. 일이 너무 많아서…." 한창 자라나는 어린 아들에게 아버지가 없는 것과 마찬가지입니다. 함께 놀아 주지도 않고 아들과 시간을 '허비'하지도 않으니까요.

이 자리를 빌려 그리스도교 공동체 전부에 말하고 싶습니다. 다음 사실에 지금보다 더 주의를 기울여야 합니다. 어린이와 청소년에게 제 역할을 하는 아버지가 없으면 이들의 삶에 큰 공백과 상처가 생기며, 그 피해는 상당히 심각할 수 있습니다. 또, 결과를 놓고 볼 때 어린이와 청소년의 탈선은 대개 이런 결함이 근본 원인입니다. 그들의 탈선은 일상에서 본보기가 없는 데서 오고, 권위 있는 길잡이의 결핍에서 오고, 아버지가 주어야 할 친근함과 사랑이 부족한 데서 옵니다. 수많은 젊은이들이 느끼고 있는, 스스로 고아라는 마음 상태는 우리가 생각하는 것보다 훨씬 심각합니다.

버젓이 가족이 있는데도 그 안에서 고아가 됩니다. 아빠가 집에 없는 일이 흔하고, 설령 집에 있더라도 아버지답게 처신하지 않습니다. 자녀들과 대화하지 않고, 교육하는 아버지의 본분을 수행하지 않으며, 말에 버금가는 행동으로 모범을 보여 줌으로써 삶의 원칙과 가치, 규범을 제공하지도 않습니다. 이것이 자녀에게는 세끼 밥 못지않게 절실합니다. 아빠가 집에서 먼 곳으로 일을 나가야만 하는 처지일수록, 아버지의 존재가 끼치는 교육적

가치는 더욱 절실합니다. 아버지들은 때때로 자기가 가정에서 어떤 자리를 차지해야 하는지, 자식을 어떻게 교육해야 할지 잘 모르는 듯합니다. 그래서 의심쩍어하면서 책임을 유보하고 자꾸만 뒤로 물러서며 자녀에게 소홀해집니다. 그러다 보니 심지어 자녀들과 '동등한' 관계, 즉 부모와 자식 간 온당치 않은 관계가 되어 버리곤 합니다. 그대는 자녀와 친구가 되어야 하지만, 자신이 아버지임을 잊지 말아야 합니다. 그대가 자녀를 친구처럼만 대하고 처신한다면, 아이에게도 결코 바람직하지 않습니다.

일반 사회단체에서도 이런 문제가 보입니다. 사회단체는 기관의 성격에 따라서 청소년에게 일종의 책임, 아버지다운 책임을 집니다. 그런데 그런 책임을 흔히 간과하거나 잘못 행사합니다. 이런 단체도 역시 청소년을 고아처럼 버려두고 장래에 대한 진실을 그들에게 보여 주지 않습니다. 그러다 보면 아이들은 마냥 고아로 남습니다. 걸어 나가야 할 확고한 길을 발견하지 못한 고아들, 믿을 만한 선생을 두지 못한 고아들, 젊은 마음을 뜨겁게 달구어 줄 이념을 갖추지 못한 고아들, 일상에서 자기들을 붙들어 줄 가치와 희망이 결여된 고아들 말입니다. 간혹 아이돌을 바라보며 그 결핍을 채우기도 하지만, 결국 마음을 빼앗겨 공허함만 남게 됩니다. 아이들은 오락과 쾌락을 꿈꾸도록 떠밀리지만, 그것이 일자리를 주지는 않습니다. 돈이라는 우상에 환상을 품기도 하지만, 참된 부유함은 거절당합니다.

그러니 아버지든 자녀든 모두가 말씀에 귀를 기울이면 좋겠습니다. 예수님이 당신 제자들에게 하신 약속 말입니다. "나는 너희를 고아로 버려두지 않겠다(요한 14:18)." 사실 걸어 나가야 할 길은 그분입니다. 귀 기울여야 할 선생님은 그분입니다. 그분이 유일한 희망입니다. 세상이 달리 변할 수 있다는 희망, 사랑이 미움을 이긴다는 희망, 만민에게 박애와 평화의 미래가 있을 수 있다는 희망 말입니다.

Padre nostro che sei nei cieli,

sia santificato il tuo nome,

venga il tuo regno,

sia fatta la tua volontà

come in cielo così in terra.

Dacci oggi il nostro pane quotidiano,

e rimetti a noi i nostri debiti

come noi li rimettiamo ai nostri debitori,

e non ci indurre in tentazione,

ma liberaci dal male.

2
하늘에 계신
우리 아버지

—

하느님을 '아빠'라고 부르자, 그분이 너무너무 가깝다는 친근감이 들어 놀랍습니다. 하지만 '하늘에' 계시다고 장소를 정하는 것은 거리감이 느껴집니다. 아마도 이러한 친근감과 거리감 사이에서 종교가 탄생하는 것 같습니다. 우리 종교의 가장 아름다운 점은, 사람이 하느님을 찾으러 가는 것이 아니고 하느님이 사람을 찾아 나서신다는 사실입니다. 그런데 '하늘'이 대체 무엇을 뜻하는 것입니까?

'하늘'이란 하느님의 위대하심과 전능하심을 뜻합니다.

그분은 첫째이고 위대하며, 우리를 만드신 분입니다. '하늘'은 그분의 능력, 그분의 사랑, 그분의 아름다우심이 한계가 없음을 가리킵니다. 하지만 '아브라함의 하느님'을 생각할 때, 그분은 다가와서 이렇게 말을 거십니다. "나는 전능한 하느님이다. 너는 내 앞에서 살아가며 흠 없는 이가 되어라(창세기 17:1)." 보아라! 걸어 나가라! 믿어라! 희망을 품어라! 기죽지 말라! 이 말씀대로 본다면 우리와 몹시 가까운 하느님이십니다. 그리고 시나이 산에 나타나신 하느님도 떠오릅니다. "우렛소리와 함께 번개가 치고 짙은 구름이 산을 덮은 가운데 뿔 나팔 소리가 크게 울려 퍼졌다(탈출기 19:16)." "그때 시나이 산은 온통 연기가 자욱하였다. 주님께서 불 속에서 그 위로 내려오셨기 때문이다. 마치 가마에서 나오는 것처럼 연기가 솟아오르며 산 전체가 심하게 뒤흔들렸다(탈출기 19:18)." 하느님이 영광 중에, 빛 속에서, 연기 속에서, 구름 속에서 나타나십니다. 그야말로 당신의 가공할 위엄을 보이십니다. 그런데 이런 유의 이야기로는 하느님이 도대체 어떤 분인지 선뜻 이해하기가 참 힘듭니다. 따라서 그대도 그래야 하고 나도 그래야 하고 우리가 모두 그래야 합니다. 바로 '하늘에 계신 우리 아버지'라고 말씀드리는 것입니다. 그렇다고 비굴한 감정으로 말해서는 안 됩니다.

문득 다섯 살인가 여섯 살 때 겪었던 일이 떠오릅니다. 나는 인후염에 걸려 수술을 받았습니다. 이탈리아어로는 뭐라 하는지 모르겠는데, 스페인어로는 아미그달라스 amigdalas라고 합니다.

편도선이군요.

그 시절에는 마취 없이 수술을 받았습니다. 끝나면 주겠다며 아빠가 내게 얼음과자를 보여 주었습니다. 입속에다 뭔가 쑤셔 넣고서 남자 간호사가 나를 꽉 붙들었습니다. 입을 다물 수 없는 상태에서 의사는 가위 하나로 편도선 두 개를 다 잘라 냈습니다. 마취도 안 한 채로 말입니다. 아빠는 약속한 대로 나에게 즉시 얼음과자를 줬고, 그게 다였습니다. 통증 때문에 나는 아무 말도 못 했고, 아빠가 부른 택시를 타고 우린 집으로 갔습니다. 집에 도착하자 아빠가 택시비를 치렀는데, 나는 그게 놀라워 보였습니다. '아빠가 왜 저 아저씨한테 돈을 지불하지?' 이틀인가 지나서 겨우 말을 하게 되자, 나는 아빠에게 물었습니다. "그 아저씨한테 돈을 왜 지불하셨어요?" 아빠는

"택시니까."라고 대답했습니다. "네? 그게 아빠 차가 아니었어요?" 난 우리 아빠가 그 동네 모든 자동차의 주인이리라고 생각했던 것이지요. 지금 나는 어릴 적 기억을 신부님 앞에서 이야기했습니다. 이 일화는 우리가 하느님과 맺는 관계에 대해 으레 품는 생각을 보여 줍니다. 즉, 하느님의 위대하심과 더불어 그분의 친밀하심을 설명합니다. 위대하신 하느님이십니다. 영광의 하느님이십니다. 하지만 그대와 함께 걸으시고, 필요하다면 그대에게 얼음과자도 주십니다.

'고아 심경'이라는 말씀이 마음에 와 닿습니다. 제 친구 하나가 저에게 이런 말을 했습니다. "아버지가 있다는 건 알지만 나는 관심 없어. 있다 해도 그건 자기 문제니까." 또 한 번은 감옥에 갇힌 사람(제 본당 교우입니다. 교도소가 제 본당이거든요.)한테 물었습니다. "왜 어린 나이에 가출했나요?" 그 사람이 대꾸했습니다. "우리 아버지랑 집에 함께 있으면 도저히 숨을 쉴 수가 없었거든요." 두 사람 모두 부친이 임종에 들자, 그 머리맡으로 돌아가서 마지막 인사를 드렸습니다. 루카 복음서 15장의 비유가 구체적인 사례로 나타난 장면이었습니다. 우리는 집으로 돌아갑니다. 그러나 배가 고프기 때문이 아니라 기다리는 아버지가 계시기 때문입니다.

그래요. 아버지는 늘 거기 계시면서 우리를 기다리십니다. 그러니 '하늘에'라는 말은 대단하고 거창하며 엄숙한 말입니다. '하늘에 계신 분'이라는 문구가 의미하는 바도 같습니다. 하지만 그분은 늘 가까이 계시고 우리와 함께 걸으십니다.

아버지들과 '우리 아버지'

아버지들에게 먼저 요구하는 바는 이것입니다. 아버지는 집에 있어야 합니다. 아내 곁에 있으면서 모든 것을 함께 나눠야 합니다. 기쁨과 아픔, 고생과 소망을 나눠야 합니다. 자녀들이 자랄 때 곁에 있어야 합니다. 아이들이 놀 때, 힘들어할 때, 다소 경솔하게 행동할 때, 고민할 때, 그리고 자기 의사를 드러낼 때도 마찬가지입니다. 입을 꾹 다물고 있을 때, 부모에게 대들 때, 겁을 먹을 때, 걸음을 잘못 내디딜 때, 다시 제 길로 돌아올 때도 아버지가 그

자리에 서 있어야 합니다, 항상! 그 자리를 지킨다는 말은, 자녀를 감시 감독한다는 말과 다릅니다. 지나치게 자녀를 감시하는 아버지는 결국 자녀를 무력하게 만듭니다. 자녀가 잘 자라는 데 걸림돌이 됩니다. 복음서는 하늘에 계신 아버지의 본보기를 우리에게 들려줍니다. 예수님 말씀대로, 하늘에 계신 아버지만이 홀로 '선하신 아버지'라고 불릴 수 있습니다.[6] '방탕한 아들'이라는 제목이 붙은 저 놀라운 비유는 누구나 잘 압니다. 그 비유는 '자애로운 아버지'라고도 하며, 루카 복음서 15장(11~32절)에 나옵니다. 문지방에 서서 아들이 돌아오기를 기다리는 그 자상함과 기품이 얼마나 기막힙니까! 아버지들은 이처럼 참을성이 있어야 합니다. 대개는 기다리는 수밖에 없습니다. 인내와 부드러움, 관대함 그리고 자애를 갖고서, 기도하며 자녀를 기다리는 수밖에 없습니다.

선한 아버지는 기다릴 줄 압니다. 마음의 저 밑바닥에서 용서할 줄 압니다. 물론 자녀를 확고한 신념과 행동으로 바로잡아 줄 줄도 압니다. 심약하고 쉽게 물러서며 감성에 젖어 버리는 그런 아버지 말고요. 아버지가 자식에

---

6. 마르코 복음서 10장 18절 참조: "어찌하여 나를 선하다고 하느냐? 하느님 한 분 외에는 아무도 선하지 않다."

게 창피를 주지 않으면서도 바로잡아 준다는 것은, 자식을 제대로 보호할 줄 안다는 말과 마찬가지입니다. 한번은 어느 기혼자 모임에서 한 아버지가 하는 말을 들었습니다. "나도 가끔은 아이를 때릴 수밖에 없습니다. 하지만 절대 뺨을 때리진 않아요. 창피를 주면 안 되니까요." 멋집니다. 체면이라는 품위를 지켜 줄 줄 아는 아버지입니다. 벌을 주되 정당한 방식으로 주고, 앞으로 나아가도록 격려해 주는 것입니다.

누가 만일 예수님이 가르치신 이 '주님의 기도'를 심도 있게 해설할 수 있다면, 그런 사람이야말로 부성애, 아버지다움을 손수 실천하며 살아가는 사람일 것입니다. 하늘에 계신 아버지로부터 오는 은총이 없다면 아버지들은 용기가 꺾이고, 자기 본분을 버리며, 도망하기 일쑤입니다. 그러나 자녀들이 찾아내야 하는 아버지는, 자기들이 실수에서 스스로 돌이킬 때까지 기다려 주는 아버지입니다. 자녀들이야 그런 필요를 수긍하지 않으려고 기를 쓰거나 그런 꼴을 안 보이려고 애를 쓰겠지만, 그런 아버지는 꼭 필요합니다. 그런 아버지를 찾아내지 못하면 그들에게 깊은 상처가 생기는데, 그 상처는 아물기가 참 힘듭니다.

우리에게 어머니인 교회는 온갖 힘을 기울여 가정 안에
서 아버지들의 선량하고 관대한 현존을 유지해 주려고 노
력합니다. 그런 아버지들이야말로 새 세대들에게 선함으
로 신앙을 지켜 주고, 의로움으로 신앙을 중재하고, 성 요
셉처럼 하느님을 보호하는 데 없어서는 안 될 분들입니다.

Padre nostro che sei nei cieli,

sia santificato il tuo nome,

venga il tuo regno,

sia fatta la tua volontà

come in cielo così in terra.

Dacci oggi il nostro pane quotidiano,

e rimetti a noi i nostri debiti

come noi li rimettiamo ai nostri debitori,

e non ci indurre in tentazione,

ma liberaci dal male.

3
아버지의 이름이
거룩히 빛나소서

—

'주님의 기도'를 잇는 이 문구는 좀 어색해 보입니다. '아버지의 이름이 거룩히 빛나시며'라고 나오는데요. '이름' 하면 어른들이 자주 쓰던 표현이 떠오릅니다. '이름값을 해라!'라는 말입니다. 자기 체면을 살리라는 뜻이지요. '하느님의 이름이 거룩히 빛나심'이라는 문구를 해석하라면 어떻게 옮기시겠습니까? 하느님은 이미 거룩한 분이신데 말입니다. 혹시 누가 그 거룩함을 가져다 속되게 만들었고, 따라서 우리가 나서서 당신 은총으로 그 거룩하심을 정화하시도록 말씀드리라는 것으로 이해해야 합니까?

‘아버지의 이름이 거룩히 빛나소서.’ 우리 안에서, 내 안에서 거룩히 빛나소서. 우리 신앙인, 우리 그리스도인들이 참 서글프고 못난 증언을 드리는 일이 흔한 까닭입니다. 우리는 그리스도인으로 자처합니다. 하느님의 자녀가되어 아버지를 모시고 있다는 말도 합니다. 그러나 실제삶을 보면, 차마 짐승 같다고는 말할 수 없지만, 하느님은커녕 사람도 안 믿는 자들처럼 삽니다. 믿음 없이 삽니다.심지어 악한 행위도 저지르며 삽니다. 사랑이 아니라 미움과 경쟁으로, 날마다 전쟁을 치르며 삽니다. 권력과 세력을 얻으려고 서로 싸우는 우리들 안에서 과연 아버지의이름이 거룩히 빛나시겠습니까? 원수의 손아귀에서 벗어나려고 자객을 고용하는 사람들의 삶에서 그 이름이 거룩히 빛나시겠습니까? 자기 자식들마저 보살피지 않는 사람들의 삶에서 거룩히 빛나시겠습니까? 아니죠. 거기서는하느님 이름이 거룩히 빛날 수 없습니다.

교도소에서 살다시피 한 제 경험에 비추어 성하의 강론을 떠올립니다. 제가 아는 어느 수인囚人은 교도소 안성당에서 볼 적마다 시종일관 졸고 있었습니다. 한번은이렇게 말을 건네 봤습니다. “이봐요, 성당에 들어와 자는 건 좋은 습관이 아닌 거 같은데요." 그러자 그 사람은 제게 아주 멋진 대답을 내놓았습니다. "그거 아세요? 전 머리에 탈이 났어요. 어디서도 잠을 못 자요. 아무 잡념도 없는 유일무이한 시간이 바로 성당에 있을 때라고요." 언젠가 고백성사에서 "성체조배를 할 때면 전 언제나 잠이 옵니다."라고 자백한 소년에게 성하께서 하셨다는 말씀이 생각납니다. "괜찮아. 그래도 그분은 여전히 너를 바라보고 계시니까." 저 수인이 제게 가르쳐 줍니다. 이름이 거룩히 빛나시게 한다는 말이 무엇인지, 성체조배란 어떻게 하는 건지.

그분이 우리를 바라보시게 하는 거지요. 나도 기도하러 가서는 졸기도 합니다. 아기 예수의 성녀 데레사가 하던 말이 있습니다. 자기도 그런 일이 있다고. 그런데 주님은, 하느님은, 아버지는 졸고 있는 사람도 사랑하신다고 말합니다. 시편 130편인가, 역본의 번호에 따라 131편인가 하는 짤막한 시편에 이런 구절이 나옵니다. "차라리 이 마음은 고스란히 가라앉아 어미 품에 안겨 있는 어린 아이인 듯, 내 영혼은 젖 떨어진 아기와 같나이다."[7] 하느

7. 최민순 역, 시편 130편 2절.

님의 이름이 거룩히 빛나시게 하는 무수한 방법 가운데 하나가 바로 이것입니다. 우리 자신이 그분 팔에 안긴 아기처럼 느끼는 일이지요.

그래서 하느님의 이름이 '자비'이지요.

자비요. 이것이 진짜 그분의 이름입니다. 한번은 파티마 성모상이 부에노스아이레스에 도착했습니다. 대형 스타디움에 사람들이 가득 차고, 병자들을 위한 미사가 거행되었습니다. 그때 나는 이미 주교였던지라 그 미사에 고백성사를 주러 갔습니다. 미사 전과 미사 중에 고백성사를 주고 또 주고, 마침내 성사 볼 사람이 더 이상 없어 자리에서 일어나 가려고 하던 참이었습니다. 딴 데 가서 견진성사를 줘야 했으니까요. 그때 체구가 조그만 부인이 내게 다가왔습니다. 얼핏 남부 이탈리아의 소박한 농사꾼처럼 보였는데, 여자는 상을 당한 듯 온몸에 검은 옷을 두르고 있었습니다. 하지만 반짝이는 눈이 얼굴을 빛내고 있었습니다. 내가 말했습니다. "고백성사를 하려나 본데 자매님은 죄가 없습니다." 알고 보니 그 부인은 포르투갈 사람이었는데, 내게 이렇게 대꾸했습니다. "우린 모두

죄가 있어요.” “그렇다면 잠깐만요. 어쩌면 하느님이 용서하지 않으실지도 모르겠네요.” “하느님은 다 용서하신다고요.” 부인은 단연코 주장했습니다. “그걸 어떻게 아시죠?” 내가 묻자, 부인이 대답했습니다. “하느님이 다 용서하지 않으셨다면 지금 세상은 존재하지도 않을 거예요.” 나는 하마터면 “자매님은 그레고리안 대학교에서 공부하셨나 봅니다.” 하고 말할 뻔했습니다. 소박한 사람들의 지혜가 바로 이와 같습니다. 늘 자기를 기다려 주시는 아버지를 모시고 있음을 깨달은 사람들입니다. 하느님은 그대가 문을 두드릴 때까지 기다리는 분이 아니십니다. 그분이 먼저 그대의 문을 두드리셔서 속을 시끄럽게 만드십니다. 그분이 먼저 그대를 기다리십니다. 이 말을 스페인식으로 표현하면, ‘하느님이 우리보다 앞서 첫발을 내디디십니다.’[8]라고 할 수 있겠군요.

하느님이 선수를 치신다는 말씀에 가깝군요.

8. Dio ci primerea: 프란치스코 교황이 즐겨 쓰는 말이다. “‘출발’하는 교회는 선교하는 제자들의 공동체로, 첫걸음을 내디디고, 뛰어들고, 함께 가며, 열매 맺고, 기뻐합니다. ‘첫걸음 내딛기primerear’라는 신조어를 양해해 주시기를 바랍니다. 복음을 전하는 이 공동체는 주님께서 먼저 이 일을 시작하셨고 우리를 먼저 사랑하셨음을 압니다.”(프란치스코, 「복음의 기쁨」 24항)

그렇죠. 하느님이 선수를 치십니다. 이것이 곧 자비입니다.

제 교구의 사제 한 분이 자비라는 말을 이렇게 풀이했습니다. 교도소에서 강론하면서 이렇게 말하더군요. "예수님이 우리한테 하시는 말씀입니다. '너희가 잘못을 저질렀다고? 괜찮아. 내가 다 알아서 할게.'" 한발 먼저 움직이시는 하느님, 하느님은 참 멋쟁이십니다.

기도로 구원 사업에 참여하기

루카 복음서 11장을 보면, 예수님이 제자들과 떨어져 홀로 기도하십니다. 기도를 마치시자 제자들이 청합니다. "저희에게도 기도하는 것을 가르쳐 주십시오(1절)." 예수님이 대답하십니다. "너희는 기도할 때 이렇게 하여라. (하늘에 계신 우리) 아버지(2절)." '아버지'라는 낱말이 예수님 기도의 '비결'입니다. 우리도 당신처럼 아버지와 신뢰 관계에, 예수님의 일평생을 동행하고 붙들어 주신 아버지와 그 깊은 신뢰 관계에 들어갈 수 있도록 예수님이 우리에게 건네주시는 열쇠가 이것입니다.

'아버지'라는 호칭에 예수님은 (적어도 루카 복음서에서는) 두 가지 축원을 묶어 놓으십니다. "아버지의 이름이 거룩히 빛나소서. 아버지의 나라가 임하소서." 이렇게 둘입니다. 예수님의 기도는 그리스도교다운 기도이며, 무엇보다 먼저 하느님께 자리를 내드립니다. 하느님께서 우리 안에 당신의 거룩하심을 나타내시게 해 드리고, 당신의 나라가 앞으로 나아가도록 해 드립니다. 다시 말해, '아버지'라는 낱말은 하느님의 주권, 즉 사랑의 주권이 우리 삶에서 발휘될 가능성에서 출발합니다.

그다음에 따라 나오는 다른 세 가지 청원은 예수님이 가르치시는 기도, 그래서 '주님의 기도'라고 불리는 기도를 보충합니다. 우리의 기본 되는 필요를 표현하는 세 가지 청원으로, 양식, 용서 그리고 유혹받을 때 주시는 도움입니다(3~4절). 우리는 매일 양식 없이는 못 삽니다. 용서 없이도 못 삽니다. 유혹을 받을 때 하느님의 도우심 없이는 못 삽니다. 예수님이 우리더러 아버지께 청하라고 시키시는 양식은 필요한 양식이지, 여분의 양식이 아닙니다. 나그네가 먹을 양식이며 딱 맞는 양식이지, 쌓아 놓거나 낭비하는 양식이 아닙니다. 우리의 나그넷길을 무겁게 짓누르는 양식이 아닙니다. 무엇보다도 용서는 우리 스스로가 하느님께 받는 용서를 말합니다. 우리가 죄인임을 깨닫는 자, 즉 하느님의 무한한 자비로 '용서받은 죄인'임을 깨닫는 자만이 형제간 화해를 구하고자 구체적인 몸짓을 취할 만한 능력을 갖추게 됩니다. 자기가 용서받은 죄인이라는 느낌을 못 받으면, 누구도 결단코 형제를 용서하거나 화해하지 못합니다. 그것은 마음에서 비롯합니다. 우리가 용서받은 죄인임을 느끼는 곳은 마음입니다. 마지막 청원 '저희를 유혹에 빠지지 않게 하소서.'는 우리가 우리 처지를 깨닫고 있음을 표현합니다. 우리가 악과 부패의 간계에 노출되어 있음을 안다는 말입니다. 유혹이 뭔지는 모두가 알 것입니다.

기도에 관한 예수님의 가르침에는 두 가지 비유가 나옵니다. 두 비유에서 그분은 친구가 다른 친구에게 보이는 태도, 아버지가 자기 아들한테 보이는 태도를 본보기로 삼으십니다(5~12절). 두 비유 다 우리에게, 아버지이신 하느님께 온전한 신뢰심을 가지라고 가르칩니다. 하느님은 우리 필요를 우리보다 더 잘 아십니다만, 우리가 당당하고 끈덕지게 조르기를 바라십니다. 당신의 구원 사업에 우리가 참여하는 방식이 다름 아닌 기도이기 때문입니다. 기도는 우리 손에 들린 으뜸 작업 도구이자 주요한 도구입니다. 하느님께 끈질기게 조르는 일은 하느님을 설득하기 위함이 아니라, 우리 믿음과 인내를 단단하게 다지는 데 쓰입니다. 정말 우리에게 중요하고 절실한 사물을 얻어 내려고, 하느님을 모시고 투쟁하는 우리의 역량을 키웁니다. 기도 중에 우리는 혼자가 아닌 둘입니다. 하느님과 나는 요긴한 것을 얻으려고 둘이 함께 싸웁니다.

그런데 둘 사이에 하나가 더 있습니다. 예수님이 오늘 복음서에서 말씀하시는, 크고도 중요한 것입니다. 우리가 기도를 하면서도 좀처럼 청하는 일이 없는데, 바로 성령입니다. "저에게 성령을 주십시오!" 예수님 말씀은 이렇습니다. "너희가 악해도 자녀들에게는 좋은 것을 줄 줄 알거든, 하늘에 계신 아버지께서야 당신께 청하는 이들에게 성령을 얼마나 더 잘 주시겠냐?(13절)" 성령! 우리 가운데 성령이 오시도록 청해야 합니다. 그런데 성령은 어디에 소용됩니까? 선하게 사는 데, 지혜와 사랑으로 살아가는 데, 하느님의 뜻을 실제로 행하는 데 소용됩니다. 적어도 지금 이 순간 우리 각자가 아버지께 "아버지, 저희에게 성령을 주십시오!"라고 청한다면 얼마나 멋진 기도가 될까요? 성모님은 이 점을 당신의 현존으로 보여 주십니다. 성모님은 전적으로 하느님의 영으로 채워진 분입니다. 우리

가 예수님과 합심하여 아버지께 기도하는 일에 성모님이
도와주시길 바랍니다. 세속의 방식이 아니라 복음에 따
라 살아가게, 성령의 인도하심에 따라 살아가게 도와주셨
으면 합니다.

Padre nostro che sei nei cieli,

sia santificato il tuo nome,

venga il tuo regno,

sia fatta la tua volontà

come in cielo così in terra.

Dacci oggi il nostro pane quotidiano,

e rimetti a noi i nostri debiti

come noi li rimettiamo ai nostri debitori,

e non ci indurre in tentazione,

ma liberaci dal male.

4

아버지의 나라가 오소서

—

그다음, 세 번째 구절이 나옵니다. '아버지의 나라가 오소서.' 그 자체로 말하자면, 예수님은 벌써 오셨습니다. 그러니까 베들레헴에서 태어나셨을 때 이미 강생은 이루어졌습니다. 인류에게 대단히 경이로운 사건이었습니다. 하지만 저 아름답기 그지없는 노래 구절이 오늘도 제 귀에 들리는 것 같습니다. "마라나타! 주 예수님, 어서 오시옵소서!" 신부가 신랑에게 건네는 저 하소연 말입니다. 그런데 복음서는 "하느님의 나라는 여기 있다!"고 말합니다.

다급한 목소리도 들립니다. "회개하라! 복음을 믿어라!" 그런데 '주님의 기도'에서 이 대목만큼은 동사가 '오소서'라고 바뀌는 듯합니다. 미래를 향해 희구하는 말투입니다. 아버지의 나라가 오리라는 것은 저도 압니다. 이르든 늦든 말이지요. 그래서 호기심이 일어납니다. 하느님의 나라가 출현한다는 것은 무엇으로 압니까?

하느님 나라는 존재하고, 하느님 나라는 반드시 올 것입니다. 밭에 숨겨진 보물과도 같습니다. 귀한 진주라 그것을 구입하려고 장사꾼이 자기가 가진 것 전부를 팝니다(마태오 13:44~46). 하느님 나라는 좋은 밀알인데 가라지 곁에서 자랍니다. 따라서 가라지와 씨름하는 일은 그대가 해야 합니다(마태오 13:24~40). 하느님 나라는 희망이기도 합니다. 하느님 나라는 이미 온 동시에, 아직 다 오지 않았습니다. 하느님 나라는 왔습니다. 예수님이 강생하셨기 때문입니다. 예수님이 우리처럼 사람이 되셨고, 우리와 함께 걸으시고, 우리의 내일을 위해 희망을 주십니다. "보라, 내가 세상 끝 날까지 언제나 너희와 함께 있겠다(마태오 28:20)." 하느님 나라는 우리가 지금 살아가고 있는 현실입니다. 그렇지만 생각을 뒤집어엎는 편이 좋겠습니다. 그분이 오셨다는 확신에 사로잡히게 우리의 마음을 여는 일입니다. 저쪽에 닻을 던져 내릴 필요가 있는 동시에, 아직은 그것이 오도록 밧줄을 붙잡고 당겨서 올려야 합니다. 이 두 가지 동작은 참 중요합니다.

구원의 두 시기. 이미 왔고, 아직 안 왔고. 복음의 의미를 억지로 갖다 붙일 생각은 없습니다만, 하느님 나라와 결부하고 싶은 이미지가 있습니다. 성하, 제가 어렸을 적에 누군가가 로렌조 밀라니 신부님 이야기를 들려주었습니다. 성하께서 얼마 전에 바르비아나에 다녀오셨음을 압니다.[9] 저에게는 바르비아나란 하느님 나라의 자그마한 부분이기도 합니다. 저는 이런 상상을 합니다. 가난뱅이들이 자기네 역사의 주인공으로 돌아서는 모습을 보고 있노라면, 저는 거기에 하느님 나라가 임하고 있다는 생각이 듭니다. 바르비아나에서, 보쫄로에서,[10] 교도소에서, 그리고 제가 일하는 집에서도 때로 그런 일이 일어납니

---

9. 2017년 6월 20일, 프란치스코 교황은 피렌체 교구의 바르비아나Barbiana 본당을 방문하여 로렌조 밀라니(Lorenzo Milani, 1923~1967) 신부의 묘소에서 기도하였다. '가난한 이들의 교회'를 외치며 정규 교육을 못 받는 하층민 청소년의 교육에 종사하다 바티칸 보수층의 금서 조치와 극우 신도들의 박해를 당한 성직자를 사실상 복권하는 조처였다.

10. 같은 날, 교황은 크레모나 교구 보쫄로Bozzolo 본당의 프리모 마쫄라리(Primo Mazzolari, 1890~1959) 신부의 묘소를 방문하여, 이탈리아 파시즘에 저항하고 신앙인의 사회적 책무를 강조한 성직자가 바티칸과 교구로부터 받은 핍박을 사죄하고 복권했다.

다. 제가 틀렸나요?

　아닙니다. 틀리지 않았어요. 바르비아나에서 '내가 맡
는다'라는 표어가 제게 충격을 주었습니다. 파시즘 시대에
통하던 '내 알 바 아니다'와 정반대죠.[11] 이런 짐을 짊어져
야 마땅합니다. 지금 내 머리에 떠오르는 문구가 있어요.
"역사의 주인공은 걸인이다." 샤를 페기[12]가 한 말이죠. 역
사는 가장 빈곤한 사람들과 더불어 이루어집니다. 이 사
람들이 구원의 주역입니다. 예수님은 그들과 함께하십니
다. 모든 이와 함께하십니다. 혼인하는 아들의 잔치에 손
님들을 초대하면서 이런 말씀을 하시죠. "모두 오라, 선한
사람도 나쁜 사람도 모두 오라." 하지만 그분은 가난한 이
들을 가장 먼저 생각하십니다. 역사의 주인공은 걸인입
니다. 물질을 동냥하는 사람만 아니고, 우리와 같이 영적
으로 가난한 영혼을 말합니다. "주님, 당신의 나라가 오길
바랍니다. 당신 없이는 우리가 아무것도 못 하는 까닭입

11. 정치·사회적 불평등을 향해 말한 I care(내가 맡아서 투쟁한다)와, 정교
　　분리를 내세워 파시즘 앞에서 말한 Me ne frego(내 알 바 아니다)는 사
　　뭇 다른 신앙인의 자세였다.
12. Charles Péguy(1873~1914): 프랑스의 시인이자 사상가. 주요 저서로
　　『샤르트르 성모聖母에게 보스 지방을 바치는 시』(1912)가 있다.

니다." '아버지의 나라가 오소서.'라는 말은 일종의 구걸입
니다.

참 멋진 말씀입니다. '걸인의 나라'라니!

하느님 나라는 우리의 협력이 필요하다

오늘 복음은 아주 짤막한 비유 둘로 이루어져 있습니
다. 씨앗이 혼자서 싹트고 자란다는 비유와 겨자씨 비유
입니다(마르코 4:26~34). 농촌 생활에서 따온 이 이미지
들을 이용해서 예수님은 하느님 말씀의 효력을, 하느님
나라가 바라는 바를 제시하십니다. 그렇게 우리에게 희망
을 품을 명분을 보여 주시고, 우리 과업이 역사에 적극적
으로 참여하는 일이라는 걸 깨우쳐 주십니다.

첫째 비유에서는 땅에 떨어진 씨앗이 혼자 뿌리내리고
혼자 자란다는 사실에 초점이 있습니다. 농부가 잠을 자
든 깨어 있든 상관없습니다. 농부는 씨앗이 품고 있는 생
명력과 토지의 비옥한 생산력을 믿습니다. 복음서 어법으
로, 씨앗은 하느님 말씀을 상징합니다. 즉, 이 비유는 말

씀의 생산력을 보여 줍니다. 보잘것없는 씨앗이 흙 속에서 커 가듯이, 말씀도 그 말씀을 듣는 사람의 마음속에서 하느님의 능력으로 자랍니다. 하느님은 당신 말씀을 우리 마음 밭에 맡기셨습니다. 우리 각자에게, 우리의 구체적인 사람됨에 맡기셨습니다. 당연히 믿고 따라야지요. 하느님 말씀은 창조이며, "이삭에 낟알이 영글도록(28절)" 정해진 말씀인 까닭입니다. 이 말씀은 우리가 받아들이기만 하면 반드시 열매를 맺습니다. 하느님께서 친히 말씀을 싹트게 하고 자라서 익게 만드십니다. 그 길은 우리가 늘 확인할 수 없고, "사람은 어떻게 그리되는지 모르는(27절)" 길입니다. 그런데도 우리가 깨닫는 바는, 하느님 나라를 자라게 하는 분은 늘 하느님이시라는, 반드시 하느님이시라는 점입니다. 그래서 우리는 '아버지의 나라가 오소서.'라고 기도합니다. 그 나라를 확장하는 분은 하느님이시고, 사람은 보잘것없는 협조자입니다. 하느님의 창조 활동을 지켜보고, 감탄하고, 참을성 있게 그 결실을 기다릴 따름입니다.

하느님 말씀은 우리를 자라게 하고 생명을 줍니다. 여러분에게 당부하고 싶습니다. 복음서와 성경을 가방이나 호주머니에 지니고 다니는 일, 손 닿는 곳에 두는 일, 매일같이 하느님의 살아 있는 말씀으로 자신을 배양하는 일은 정말 중요합니다. 날마다 복음 한 대목을 읽고, 성경 한 대목을 읽는 일은 참 요긴합니다. 제발 나의 이 당부를 잊지 마십시오. 우리 마음속에 하느님 나라의 생명을 싹트게 하는 힘이 여기 있기 때문입니다.

둘째 비유는 겨자씨의 이미지를 사용합니다. 이 씨앗은 "세상의 어떤 씨앗보다 작지만" 생명력이 가득하고, "자라나서 어떤 풀보다도 커집니다(마르코 4:32)." 하느님 나라가 그렇습니다. 인간의 눈에는 작고 대수롭지 않게 보입니다. 거기 들어가서 속하려면 마음이 가난해야 합니다. 자기 역량을 믿어서는 안 되고, 하느님 사랑의 능력을 믿어야 합니다. 세상의 눈으로 볼 때 대단한 사람이 되려고 처신하지 말고, 하느님 눈으로 보시기에 소중한 사람이 되도록 힘써야 합니다. 하느님은 단순하고 미천한 사람들을 우선하십니다. 우리가 이렇게 살고자 할 때 우리를 통해서 그리스도의 힘이 스며들고, 작고 평범한 것을 변화시켜 세계와 역사를 거대한 덩어리로 부풀려 올립니다. 이 두 비유에서 중요한 가르침이 나옵니다. 하느님 나라는 '우리의 협력'을 요하지만, 무엇보다도 '주님의 계획이자 주님의 선물'입니다. 세상의 복잡다단한 문제에 비교하면 우리의 활동은 나약하고 작아 보이지만, 하느님의 활동에 참여하는 순간 우리는 난관이 두렵지 않습니다. 하느님의 승리가 확실합니다. 하느님의 사랑이 이 땅 위에 있는 모든 선의 씨앗을 돋아나게 하고 자라게 할 것입니다.

바로 이 점이, 우리가 세상에서 부딪치는 극적인 상황과 불의, 고통에도 불구하고 우리한테 신뢰와 희망을 열어 줍니다. 선의 씨앗, 평화의 씨앗이 우리 안에서 싹을 틔우고 자라납니다. 하느님의 자애로운 사랑이 그것을 키우는 까닭입니다.

거룩한 동정녀, 그이는 '비옥한 땅'처럼 하느님 말씀의 씨앗을 받아들이셨고, 저 희망 속에 우리를 붙들어 주십니다. 희망은 우리를 속이지 않습니다.

Padre nostro che sei nei cieli,

sia santificato il tuo nome,

venga il tuo regno,

sia fatta la tua volontà

come in cielo così in terra.

Dacci oggi il nostro pane quotidiano,

e rimetti a noi i nostri debiti

come noi li rimettiamo ai nostri debitori,

e non ci indurre in tentazione,

ma liberaci dal male.

5

아버지의 뜻이 하늘에서와 같이
땅에서도 이루어지소서

—

'아버지의 나라가 오소서.'라는 축원은 '아버지의 뜻이 이루어지소서.'라는 세 번째 축원과 무난히 이어집니다. 프란치스코 교황님, 고백하건대 사제로서 저도 제 뜻과 하느님의 뜻 사이에서 곧잘 혼동합니다. 마치 알레산드로 만초니Alessandro Manzini의 소설 『약혼자들Promessi Sposi』에 등장하는 여자 프라쎄데처럼 행동하지요. 하늘의 뜻과 자기 뜻을 뒤바꾸고선 "난 하늘의 뜻을 수행했어요."라고 말합니다. 오늘날 세상이 우리에게 외치는 말이 이렇게 되돌아온 것일지도요. "보라, 그리스도인들이 으레 보이는 저 피동적 처신을! 자신에게 닥쳐오는 일을 고스란히 받아들이다니!" 실상 저는 하느님의 뜻을 행한다 함은 이것과 정반대라는 말씀을 감히 드리고 싶습니다. 하느님께서 우리 안에 들어오셔서 우리를 당신에게로 끌어당기도록 자리를 남겨 드려야 하지 않을까요?

하느님이 당신 백성에게 내리신 십계명을 봅시다. 약속의 땅으로 나아가던 시대의 첫머리에 일어난 일이지요. 하느님의 뜻에서 핵심이 드러납니다. 처음 세 계명만 하느님을 1인칭으로 표현하고 있다는 점이 흥미롭습니다. 다른 일곱은 사람들과 상대하는 것입니다. 도둑질하지 말라, 살인하지 말라, 악을 행하지 말라, 거짓말을 하지 말라 등은 하느님의 뜻입니다. 진리란 하나의 길이고, 그 길로 나아가면서 그대가 의미를 깊이 파 내려가는 만큼 길도 넓어짐을 의미합니다. 넓어짐과 동시에 양심이 섬세해지고 더 세밀해집니다. 하느님 뜻에서 오는 사소한 언행들이 반복되고, 우리가 주님께 솔직하고 열린 마음으로 나아간다면 하느님 뜻을 행하는 데 성공할 것입니다. 하느님께서 당신 뜻을 숨기지 않으시는 까닭입니다. 당신 뜻을 찾아내려고 노력하는 사람들에게는 그것을 알아보게 하십니다. 당신 뜻이 뭔지 도통 관심조차 없는 사람도,

무리하지 않게 하면서 기다려 주십니다. 그분은 늘 기다려 주십니다.

하느님의 뜻은 결국 아무것도 잃지 않으시겠다는 것이군요.

네, 아무것도 잃지 않으시겠다는 것입니다.

하느님은 기다리는 분이십니다. 성하께서는 호르헤 루이스 보르헤스[13]를 좋아하십니다. 그가 쓴 글에 "갈라진 틈새에 하느님이 잠복하고 계시다."라는 문구가 있지요.

그래요. 우리 하느님은 정말 '기다리는 하느님'이십니다. 그래서 누가 없어졌음을 알아채는 즉시, 있는 사람은 남겨 두고 사라진 사람을 찾으러 가십니다.

13. Jorge Luis Borges(1899~1986): 아르헨티나 문학가. 환상적 사실주의에 기반한 단편들로 현대 포스트모더니즘 문학에 큰 영향을 미쳤고, 1971년 베케트와 함께 Formentor 문학상을 수상했다.

하느님 뜻에 바치신, 마리아의 조건 없는 '예!'

오늘은 '복되신 동정 마리아의 원죄 없으신 잉태 대축일'입니다. 오늘 말씀에서는 인간과 하느님의 관계를 좌우하는, 역사상 두 가지 중대한 단계를 들려줍니다. 선과 악의 출발점으로 우리를 데려간다고나 할까요.

창세기는 '아니요!'의 첫 시작을 보여 줍니다. 맨 처음으로 한 '아니요!', 인간의 '아니요!'. 이는 인간이 창조주를 바라보는 대신 자기 자신을 바라보았을 때, 자기 머리로 해내려고 했을 때, 자기만으로 충분하다고 작정했을 때입니다. 하지만 그럼으로써 하느님과의 친교에서 벗어나고 결국 자기 자신마저 잃고 말았습니다. 겁을 먹기 시작했고, 숨기 시작했고, 옆에 있는 사람을 탓하기 시작했습니다(창세기 3:10, 12 참조). 그 증후들이 그랬습니다. 두려움은 하느님께 '아니요!'라고 할 때 늘 나타나는 증세죠. 내가 하느님께 '아니요!'라는 말씀을 드리고 있다는 증후입니다. 남에게 탓을 돌리고 자기는 바라보지 않는 것은 하느님으로부터 멀어지고 있음을 가리킵니다. 이것이 죄를 짓습니다. 그러나 하느님은 인간이 저지르는 악의 세력 범위에 인간을 그냥 내버려 두지 않으십니다. 당장 우리를 찾아 나서서 이해심 가득 찬 물음을 던지십니다. "너 어디 있느냐?(창세기 3:9)" "거기 서라! 그리고 생각해 보아라. 너 어디 있느냐?" 잃어버린 아들을 찾는 아버지나 어머니가 하는 물음입니다. "너 어디 있느냐? 어떤 처지에 이르렀느냐?" 하느님은 지극한 인내를 갖고 그렇게 하십니다. 원초에 만들어진 거리를 다시 좁힐 때까지 참을성 있게 물으십니다. 이것이 방금 말한 두 단계 중 하나입니다.

두 번째 단계는 결정적입니다. 오늘 복음에 나오는 대로입니다. 하느님이 우리 가운데 살러 오셨습니다. 우리처럼 몸소 사람이 되셨습니다. 이 일이 가능했던 것은 참으로 거창한 '예!'를 통해서였습니다. 죄의 답변은 '아니요!'였으나, 이 답변은 '예!'입니다. 위대한 '예!'입니다. 천사의 알림에 드린 마리아의 '예!'가 바로 그것입니다. 이 '예!' 덕분에 예수님은 인류의 길에 들어서서 당신 걸음을 시작하셨습니다. 마리아 안에서 그 걸음을 시작하셨습니다. 엄마의 태중에서 당신 생애의 처음 몇 달을 보내십니다. 당장 어른으로, 강한 자로 출현하신 것이 아니라 인간 존재의 전 과정을 똑같이 따라 걸으셨습니다. 모든 점에서 우리와 같아지셨습니다. 다만 인간이 외친 '아니요!' 한 가지만 빼놓고, 죄를 빼놓고요. 그래서 마리아를 택하셨습

니다. 죄 없는 유일한 피조물이자 흠이 없는 피조물인 마
리아. 복음서에서 그이는 한마디로 "은총이 가득한 이
여!(루카 1:28)"라고 불리셨습니다. 곧 은총으로 채워진 이
였습니다. 말하자면 마리아에게는 애초부터 은총이 가득
하여 죄의 여지가 없었습니다. 우리마저도 그이를 향하면
이 아름다움을 알아봅니다. 우리는 그이를 '은총이 가득
한 이'라고 부릅니다. 악의 그림자가 없습니다.

마리아는 하느님의 제의에 이렇게 대답합니다. "보십시
오, 저는 주님의 종입니다(루카 1:38)."

이런 말이 아닙니다. "글쎄요, 이번만은 하느님의 뜻을
이행하겠습니다. 저에게 요구하시는 그런 자세는 갖추고
있겠습니다. 하지만 그다음엔 상황을 보고서 판단하겠습
니다." 아닙니다. 그이의 답은 '예!'입니다. 충만하고 전적
이며, 평생을 걸 만큼 조건 없는 '예!'란 말입니다. 원초의
'아니요!'가 인간이 하느님께 가는 통로를 막았다면, 마리
아의 '예!'는 하느님께서 우리에게 오시는 길을 열었습니
다. 역사상 가장 중대한 '예!'입니다. 이 겸손한 '예!'가 원
초의 저 오만한 '아니요!'를 뒤집어엎습니다. 이 충성스러
운 '예!'가 저 불순종을 치유합니다. 당장 순종의 자세를
갖춘 '예!'가 죄악의 이기심을 뒤집어 놓습니다.

우리 각자에게도 고유한 구원의 역사가 있습니다. '예!' 와 '아니요!'로 점철된 역사입니다. 흔히는 어중간한 '예!' 를 내놓는 데 길들여져 있습니다. 하느님이 원하시는 바 가 뭔지 잘 못 알아듣겠다는 시늉도 능숙하게 합니다. 양 심이 우리에게 넌지시 일러 주는 바를 못 들은 척도 합니 다. 우리는 교활해서 하느님께 진짜 '아니요!'를 말씀드리 는 대신 이렇게 말합니다. "죄송하지만 못하겠습니다." "오 늘은 안 되고, 내일 다시 생각해 보겠습니다." "내일은 좀 더 나을 거예요. 내일 기도를 드리겠습니다. 선행도 하겠 습니다, 내일이오." 그리고 이런 교활함은 우리를 '예!'로부 터 멀어지게 만들고, 하느님으로부터 멀어지게 만듭니다. 결국 '아니요!'로, 죄 되는 '아니요!'로, 뜨뜻미지근한 '아니 요!'로 우리를 끌어갑니다. 우리가 자주 하는 답변, '예, 하 지만…' 혹은 '예, 주님, 그렇지만…'이 그렇습니다. 차마 거절 못 해서 불발된 '예!'로부터 이득을 얻는 편은 다름 아닌 악입니다. 사람은 누구나 자기 안에 이렇게 불발된 '예!'를 쌓아 두고 있습니다. 가만히 자신을 살펴보면 이 불발된 '예!'를 엄청나게 많이 찾아낼 것입니다.

그 대신 하느님께 전적으로 드리는 '예!'는 새로운 역사 의 원천이 됩니다. 하느님께 '예!'라고 말씀드리는 일은 진정 독창적이며 모든 일의 근원이 됩니다. 새로운 시작이자 출발점입니다. 이는 죄와 전혀 다릅니다. 죄는 우리의 마음속부터 낡게 합니다. 죄가 사람을 속부터 늙게 한다는 생각을 해 본 적이 있습니까? 우리를 빠른 속도로 노화시킵니다. 하느님께 드리는 '예!'는 그때마다 모든 인간에게 구원의 역사를 일으키는 출발점이 됩니다. 마리아께서 당신의 '예!'로 그렇게 하셨던 것처럼.

이 대림절을 맞아, 하느님은 우리에게 찾아오길 원하시며 우리의 '예!'를 기다리십니다. 생각해 보십시오. 오늘 나는 하느님께 어떤 '예!'를 드려야겠습니까? 잘 생각해 보기 바랍니다. 우리 속마음에서 들리는 주님의 음성을 발견할 것입니다. 우리한테 뭔가를 요구하시는 음성, 한 걸음 앞으로 내디디라는 말씀입니다.

"당신을 믿습니다. 당신께 희망을 겁니다. 당신을 사랑합니다. 제 안에서 당신의 뜻이, 선한 뜻이 이루어지소서." '예!'는 바로 이런 것입니다. 관대함과 신뢰로 마리아와 함께 오늘도 그 말씀을 드립시다. 우리 각자 하느님께 '예!'라는 답변을 드립시다.

Padre nostro che sei nei cieli,

sia santificato il tuo nome,

venga il tuo regno,

sia fatta la tua volontà

come in cielo così in terra.

Dacci oggi il nostro pane quotidiano,

e rimetti a noi i nostri debiti

come noi li rimettiamo ai nostri debitori,

e non ci indurre in tentazione,

ma liberaci dal male.

6

오늘 저희에게
일용할 양식을 주소서

—

이제는 '주의 기도' 후반부가 열립니다. 전반부는 하느님의 이름으로 축원을 드렸다면, 지금부터는 우리를 위해 뭔가 청합니다. 그분이 우리를 사랑하시는 분이라는 생각을 했다면, 이제는 그분이 우리를 생각해 주시리라는 소망을 품습니다. '오늘 저희에게 일용할 양식을 주소서.'에서 '저희'라는 복수 명사가 흥미를 돋웁니다. 당신께서 '우리' 아버지이시니까, 그처럼 당신께서도 오늘 우리를 생각해 주시리라 믿습니다. 정확하게 이 하루 동안 말입니다.

복음서에서 우리에게 들려주는 하느님의 나라, 거기서 이 일이 일어납니다. 우리가 밥상에 둘러앉을 때 이 일이 일어납니다. 밥상은 예수님이 자주 이용하시는 이미지입니다. 하느님의 나라는 언제나 잔치입니다. 우리는 밥상에 둘러앉습니다. 그러니 먹을 것을 주십시오! 명절을 지내든 날마다 맞는 끼니든, 우리는 밥상에 둘러앉습니다. 오늘날 세계에서 하느님의 힘은 다름 아닌 밥상에 있습니다. 예수님과 함께하는 성찬의 성사에 있습니다. 예수님과 함께하기에 우리 모두에게 먹을 것을 주십사 청하는 것입니다. 영적 음식을 주셔서 성찬의 식탁에서 우리를 튼튼하게 만들어 주십사 빕니다. 하지만 나 아닌 다른 이들에게도 먹을 것을 주십사, 지금처럼 굶주림과 잔인함이 가득한 이 세계에 사는 모두에게 먹을 것을 주십사 청합니다. 우리가 '주님의 기도'를 암송할 적에 '오늘 저희에게 양식을 주소서.'라는 바로 이 구절에서 잠시 멈추는 것이 좋겠습니다. 얼마나 많은 사람들이 이 양식을 얻지 못하는지 생각해 보면 좋겠습니다. 어렸을 적부터 집에서는 빵 조각이 바닥에 떨어지면 즉시 집어 먹으라고 가르쳤습니다. 빵을 버리는 일이 결코 없었습니다. 빵은 인류가 하나로 뭉쳐 있음을 가리키는 상징입니다. 하느님이 그대에게 베푸시는 사랑의 상징입니다. 하느님께서 그대에게 먹을 것을 주신다는 표시입니다. 빵이 남으면 할머니와 엄마가 어떻게 하셨나요? 지금도 어떻게 하시나요? 우유에 개서 과자를 만드시거나 다른 것을 만드셨습니다. 어떻든 빵은 버리지 않습니다.

제 할머니는 저와 동생이 빵 속을 서로 던지면[14] 이런 말씀을 하셨습니다. "애들아, 빵 갖고 장난하면 못쓴다." 오늘날 제가 사제로서 성체를 치켜들 때 제 속에서 할머니의 말씀을 듣습니다. '이 빵을 갖고, 특히 이 빵을 갖고서는 장난하면 못쓴다.' 그리스도인에게 빵은 곧 성체입니다.

그렇다마다요. 또 배고픈 사람에게 먹을 것을 주라고 당부하시는 자선의 말씀도 잊지 맙시다.

교도소에서 일하면서 저는 성체가 상급처럼 느껴지지 않고 오히려 무슨 의약품처럼 느껴집니다. 제가 잘못을 저

14. 서양 아이들은 빵 껍질이 고소해서 더 좋아하고 빵 속을 뜯어 남기곤 한다.

지르더라도 하느님이 저한테서 먹을 것을 빼앗지 않으셔야 해요. 그리고 저도 아들임을 느끼게 해 주셔야 해요.

정말 맞는 말입니다. 내 자랑 같지만 나도 「복음의 기쁨」에서 같은 얘기를 썼어요(47항).[15] 성체는 "완전한 이들을 위한 보상이 아니라, 나약한 이들을 위해 베푸시는 관대한 영약이며 양식입니다."라고요. 다시 말해, 약품입니다.

그래서 비록 넘어지기는 했지만, 제가 여전히 하느님의 마음에 있음을 알게 해 주십니다.

굶주린 이들에게 먹을 것을 주어라

시편은 하느님이 "생명 있는 모든 것에게 먹을 것을 주시는 분"이라고 합니다(시편 136:25).[16] 굶주림을 겪는 일은 참으로 괴롭습니다. 전쟁이나 기근의 시기를 살아 본

15. 프란치스코 교황은 2013년에 발표한 첫 번째 회칙回勅 「복음의 기쁨 Evangelii gaudium」에서, 현대인에게 그리스도의 기쁜 소식을 전하는 지름길로 경제 정의의 실천과 복음에 따른 기쁨에 찬 생활을 가르쳤다.
16. 최민순 역본의 성경에는 "모든 육신에게 빵을 주시는 분"으로 나온다.

사람은 굶주림이 어떤 것인지 잘 압니다. 그리고 이런 경험이 지금도 날마다 되풀이되고 있고, 더구나 풍요와 낭비가 있는 바로 곁에서 일어나고 있습니다. 야고보 사도의 말씀은 언제나 현실 그대로입니다. "형제 여러분, 누가 믿음이 있다고 말하면서 실천이 없으면 무슨 소용이 있겠습니까? 그러한 믿음이 그 사람을 구원할 수 있겠습니까? 어떤 형제나 자매가 헐벗고 그날 먹을 양식조차 없는데, 여러분 가운데 누가 그들의 몸에 필요한 것은 주지 않으면서, '평안히 가서 몸을 따뜻이 녹이고 배불리 드시오.' 하고 말한다면 무슨 소용이 있겠습니까? 이와 마찬가지로 믿음에 실천이 없으면 그러한 믿음은 죽은 것입니다(야고보 2:14~17)." 실천할 능력이 없고, 사랑을 베풀고 사랑할 능력이 없다면 말입니다. 배고프고 목마르며 나를 필요로 하는 사람은 늘 있습니다. 이 일은 다른 누구한테 맡길 수 없습니다. 저 가난뱅이는 내가 필요하고, 내 도움이 필요하고, 내 말과 손길이 필요합니다. 이 일에는 우리가 모두 얽혀 있습니다.

복음서에 나오는 다음 대목도 가르침이 됩니다. 예수님이 여러 시간 당신을 따라다닌 많은 군중을 보시고 당신 제자들에게 하시는 말씀입니다. "저 사람들이 먹을 빵을

우리가 어디에서 살 수 있겠느냐?(요한 6:5)” 뒤이어 제자
들의 답변이 나옵니다. “불가능합니다. 사람들을 흩어 보
내시는 편이 낫겠습니다.” 그런데 예수님 말씀은 이렇습
니다. “너희가 그들에게 먹을 것을 주어라(마르코 6:37).”
사람들이 갖고 있던 소량의 빵과 물고기를 모아서 그것
들을 축복하시고 떼어서 제자들더러 모두한테 나눠 주게
하십니다. 우리에게 매우 중요한 교훈입니다. 우리가 가진
작은 것을 예수님의 손에 맡겨 드리면, 믿음을 갖고 그것
을 나누면 풍족하고 부유해진다는 가르침입니다.

교황 베네딕토 16세께서는 「진리 안의 사랑Caritas in
veritate」에서 이렇게 말씀하십니다. “굶주린 사람에게 먹
을 것을 주는 것은 교회를 세우신 주 예수님의 가르침,
곧 연대와 재화의 분배에 관한 가르침에 응답하는 교회
의 보편적인 윤리 명령입니다. 물에 대한 권리와 마찬가지
로 식량에 대한 권리도 기본적인 생명권을 비롯한 다른
권리들의 추구와 더불어 중요합니다. 그래서 식량과 물의
사용을 어떤 구분이나 차별 없이 모든 인간의 보편적 권
리로 여기는 여론을 형성할 필요가 있습니다(27항).” “나
는 생명의 빵이다(요한 6:35).”라고 하신 예수님의 말씀
을 잊지 맙시다. “목마른 사람은 다 나에게 오너라(요한

7:37).”라는 말씀도 그렇습니다. 이 말씀들은 우리 믿는 사람들 모두에게 일종의 행동 지침입니다. 배고픈 사람들에게 먹을 것을 주고 목마른 사람들에게 마실 것을 줌으로써 하느님과 맺는 우리 관계가 달라진다는 것을 깨닫게 합니다. 이렇게 하느님은 자비로운 얼굴을 예수님 안에서 드러내셨습니다.

Padre nostro che sei nei cieli,

sia santificato il tuo nome,

venga il tuo regno,

sia fatta la tua volontà

come in cielo così in terra.

Dacci oggi il nostro pane quotidiano,

e rimetti a noi i nostri debiti

come noi li rimettiamo ai nostri debitori,

e non ci indurre in tentazione,

ma liberaci dal male.

7

저희에게 잘못한 이를 저희가 용서하듯이
저희 죄를 용서하소서

—

그다음, 참 아름다운 이미지가 나옵니다. '저희에게 빚진 사람들을 저희가 탕감하듯이 저희에게도 저희 빚을 (혹은 저희 죄를) 탕감해 주소서.' 제가 일하는 교도소에서 작년 성탄절 밤, 신자들의 기도를 읽던 수인 한 사람이 떠오릅니다. 원래 기도문은 이렇게 적혀 있었습니다. "구세주 하느님께 기도드립니다." 그런데 그가 앞부분을 잘못 읽어 "용접공 하느님께 기도드립니다."라고 했습니다.[17] 그때 용접기를 갖고 일하시던 제 부친 모습이 떠올

17. 이탈리아어로 salvatore(구세주)와 saldatore(용접공)은 v와 d, 한 자 차이다.

랐습니다. 둘로 쪼개진 쇠붙이가 있습니다. 부친은 그것을 버리지 않고 용접기로 수리하십니다. 저는 혼잣말을 합니다. '봐라, 저 가엾은 쇳조각들이 어떻게 나한테 하느님의 자비를 풀이해 주었는가!' 그러나 '어떻게'라는 말은 아직 풀리지 않은 채로 남아 있습니다. 아마 '우리도 이렇게 할 수 있겠다'는 뜻으로 이해할 수 있습니다. 혹은 '제가 남을 용서하는 만큼, 주님, 당신께서 저를 용서하신다는 말씀입니까?'라고 해석할 수도 있겠습니다. 하여튼 읽을 때마다 시각이 달라집니다.

부채를 탕감해 달라는 말은 은행업자들이 그다지 좋아하는 말이 아닐 겁니다. 은행업자들은 결코 여러분의 빚을 탕감해 주지 않습니다. 지금 세상은 모든 것의 중심에 돈이 있습니다. 용서, 용서라. 참 어렵습니다, 용서하기란. 그런데 용서에는 기본 요건이 하나 있습니다. 그것 없이는 아무도 결코 용서하지 못합니다. 그대가 '용서받았다고 느끼는 은총'을 입는다면, 그제야 비로소 그대도 누군가 용서할 수 있습니다. 용서받았다고 느끼는 사람만이 용서할 능력이 있습니다. 먼저 내가 용서받았으므로 나도 용서합니다. 그 대신 율법학자들, 예수님과 언쟁을 일

삼던 저 사람들을 생각해 보십시오. 그들은 자신을 의인
이라고 자처했기에 용서가 필요 없었습니다. 따라서 예수
님이 죄인들을 왜 용서하는지 알지 못했습니다. 왜 죄인
들과 함께 식사하시고, 왜 죄인들을 낫게 하시고, 왜 나
병 환자들과 어울리시는지 이해하지 못했습니다. 예수님
은 다 용서하셨습니다. 하지만 율법학자들에게는 예수님
의 행동이 이해가 안 되었습니다. 자기들을 의인으로 여
겨서 (누구를 용서한다는) 이토록 아름다운 경험을 맛보
는 데 성공하지 못했습니다. 나도 그리스도인으로서, 한
개인으로 겪었던 일을 하나 말하겠습니다. 한번은 주님이
나의 많은 것을 용서하셨다는 생각이 문득 들면서 기쁨
에 겨워 펑펑 울었습니다. 아직도 그 울음을 되새기고 내
가 용서할 차례가 되면 이렇게 혼잣말을 합니다. '비교도
안 돼. 그때 그것에 비교하면 이건 약소한 거야.'

프란치스코 교황님, 저도 속 이야기를 하나 드리겠습니
다. 저 역시 잘못을 저지르는 사람은 감옥에 가야 한다
고 주장하는 사람 중 하나였습니다. 그런데 오늘날 하느
님은 제게 은총을 베푸셔서 바로 그 사람들을 위해, 그
들과 함께하는 사제가 되게 하셨습니다. 이들과의 만남

에 관해서는 저도 그날 그 시각을 지금도 기억하고 있습니다.[18] 그날 이후로 제 삶의 역사는 더 이상 이전과 같지 않았습니다. 자신을 부끄러워하자, 다시금 저를 살리는 힘찬 심장 박동이 느껴졌습니다. 은총에 관한 교황님의 글을 읽으면서 부끄러워할 줄 아는 법을 배웠습니다. 하느님을 제 삶에서 쫓아냈기 때문에 부끄러웠고, 제가 아버지를 찾는 길을 통해 돌아오고 있음을 발견했습니다. 오늘날 제 마음에 정말 절절하게 간직하고 싶은 것이 바로 부끄러움입니다. 거울을 들여다보고 나를 알듯이, 제가 그분으로부터 멀어졌다는 사실에 커다란 부끄러움을 느꼈습니다. 내가 있어야 할 본향 집에서 멀어졌다는 부끄러움 말입니다.

예수님이 십자가에 못 박혀 돌아가시기까지의 과정을 보면, 우리에게 부끄러움을 알려 주는 세 가지 일화가 나옵니다. 여기 부끄러워하는 사람 셋이 나옵니다. 첫 번째 인물은 베드로입니다. 베드로는 닭 우는 소리를 듣자, 그

---

18. 요한 복음서 1장 39절 참조: "예수님께서 그들에게 '와서 보아라.' 하시니, 그들이 함께 가 예수님께서 묵으시는 곳을 보고 그날 그분과 함께 묵었다. 때는 오후 네 시쯤이었다."

순간 속에서 뭔가 울컥합니다. 대사제 집에서 끌려 나오다 자기를 쳐다보시는 예수님을 바라보게 됩니다. 그는 부끄러움에 슬피 웁니다(루카 22:54~62 참조). 두 번째는 '착한 강도' 이야기입니다. 그가 똑같이 고초를 당하는 다른 동료에게 말합니다. "우리가 여기 있는 것은 못되고 부당한 짓을 저질렀기 때문이지. 하지만 이 죄 없이 불쌍한 사람은 아무런 잘못도 하지 않았다." 그는 자기 잘못을 느끼고 부끄러워했고, 그래서 아우구스티노 성인이 피력하는 말에 의하면, 그 부끄러움으로 낙원까지 훔쳤습니다(루카 23:39~43 참조). 세 번째는 누구보다 내게 감동을 주는 유다스의 부끄러움입니다. 유다스는 이해하기 힘든 사람입니다. 그의 인물상을 두고 수많은 해석이 나왔습니다. 마지막엔 사태가 어떻게 흘러가는지 알고서는 '의로운 사람들', 곧 사제들한테로 갑니다. "무죄한 피를 팔아넘겼으니 나는 죄를 지었소." 그러나 그들은 이렇게 대꾸합니다. "우리와 무슨 상관이냐? 그것은 네 일이다(마태오 27:3~10 참조)." 그래서 그는 속에서 끓어오르는 죄책감을 품은 채 물러납니다. 혹시 성모님이라도 만났더라면 사정이 달라졌을지 모르지만, 그냥 가 버립니다. 출구를 찾지 못하고 그만 목을 매답니다. 하지만 유다스 이야기가 거기서 끝나지 않는다는 생각이 들게 하는 부분이 있습니다. 혹자는 내 말을 듣고서 '이 교황, 이단자네.'라고 생각할지도 모르겠습니다.[19] 프랑스 부르고뉴 베젤레 수도원에 있는 성녀 마리 마들레느 대성당의 기둥 꼭대기를 보십시오. 중세 사람들은 조각이며 얼굴 형상을 통해서 교리를 배웠습니다. 그 기둥머리를 보면 한쪽에는 목매단 유다스가 새겨져 있고, 다른 쪽에는 착한 목자가 있습니다. 그런데 그 착한 목자는 유다스를 어깨에 메고 갑니다. 착한 목자의 입술에는 일종의 미소가 흐르는데, 좀 복합적인 느낌을 줍니다. 내 책상 뒤에는 두 장면으로 나눠서 찍은 저 기둥 사진을 붙여 두었습니다. 내게 묵상할 거리를 제공하기 때문입니다. 무언가를 부끄러워하는 데는 여러 방법이 있습니다. 절망이 그중 하나인데, 우리는 절망한 사람들을 도와야만 합니다. 참된 부끄러움의 길을 발견하도록, 유다스와 같은 종말이 오지 않도록 도와야 합니다. 예수님 수난사에 등장하는 이 세 인물은 저를 도와줍니다. 부끄러움은 일종의 은총입니다. 지금 아르헨티나

19. 프란치스코 교황은 마르타 숙소 아침미사 강론(2016. 12. 6)에서 '우리 형제 유다스'라는 표현을 쓰면서, 하느님의 자비와 용서는 어느 순간에나 인간을 구원할 수 있다고 발언하여 경건파 극우 신도들의 혹심한 반발을 산 적이 있다.

에서 어떻게 처신할지 모르고 '염치없이' 악을 자행하는
사람이 있는데, 그들은 부끄러움을 모르는 사람입니다.[20]

섬기고 용서하는 법 훈련하기

오늘은 이 면을 강조하고자 합니다. 가정은 서로서로
섬기고 용서하는 법을 훈련하는 커다란 체육관이라고 말
하고 싶습니다. 섬김과 용서 없이는 어느 사랑도 오래가
지 못합니다. 자신을 내주고 용서를 주고받지 않으면 사
랑은 머물지도, 지속하지도 못합니다. 그분께서 몸소 가
르쳐 주신 기도인 '주님의 기도'를 보면, 아버지께 이렇게
청하라고 하십니다. "저희에게 빚진 사람들을 저희가 탕
감하듯이 저희에게 저희 빚을 탕감해 주소서." 마지막에
는 이 말씀으로 설명을 보태십니다. "너희가 다른 사람들
의 허물을 용서하면, 하늘의 너희 아버지께서도 너희를
용서하실 것이다. 그러나 너희가 다른 사람들을 용서하

20. 아르헨티나 군부가 군사반란을 일으켜 정권을 잡고 '추악한 전쟁'
    (Guerra sucia, 1974~1983)을 일으켜 아르헨티나 민주 인사 3만 명을
    학살했는데도, 지금까지도 군부를 옹호하고 피해자 가족을 우롱하는
    극우 가톨릭 성직자, 신자들을 언급하는 말로 보인다.

지 않으면, 아버지께서도 너희의 허물을 용서하지 않으실 것이다(마태오 6:14~15)." 우리는 용서를 주고받지 않고서는 살아갈 수 없습니다. 적어도 잘 살 수 없습니다. 특히 가정에서 그러합니다. 우린 날마다 서로 잘못을 저지릅니다. 우리의 나약함과 이기심 때문에 나오는 이런 실수를 염두에 두어야 합니다. 우리가 해야 할 것은 우리가 주고받는 상처를 즉시 봉합하는 일입니다. 가정에서 끊어 놓은 실 가닥을 다시 단단히 옭아매는 일입니다. 너무 지체하면 매사가 더 힘들어집니다. 상처를 낫게 하고 비난을 멈추게 만드는 비법은 의외로 간단합니다. 하루를 끝내기 전에 사과하는 것입니다. 부부, 부모와 자식, 형제자매, 고부 간에 화해하기 전에는 하루를 마치지 마십시오. 만일 서로가 즉시 잘못을 빌고 용서한다면, 상처는 낫고 부부 사이는 견고해지며 가정은 더욱더 튼튼해집니다. 우리가 저지르는 크고 작은 못된 짓이 가져올 진동과 균열을 이겨 낼 힘이 생깁니다.

그리고 이런 일에는 거창한 연설이 아니라 다정하게 쓰다듬는 위안만으로 충분합니다. 단 한 번의 사랑스러운 어루만짐으로 모든 것이 끝나고 다시 시작됩니다. 아무튼 다툼과 갈등이 있는 상태로 하루를 넘기면 안 됩니다.

이렇게 가정에서 살아가는 법을 배운다면 바깥에서도 똑같이 할 것입니다. 우리가 있는 모든 장소에서 동일하게 행동합니다. 이런 문제를 다룰 때, 우리는 회의론자가 되기 쉽습니다. 많은 이들이, 심지어 그리스도인들 사이에서도, 화해를 위한 이런 노력이 일종의 과장이라고 여길지 모릅니다. '말씀이야 그럴듯하지만 실천하기란 불가능합니다.'라고 말할지도 모릅니다. 그러나 하느님 덕분에 그렇지 않습니다. 하느님께 진정 용서를 받았다는 바로 그 부분에서, 우리 차례가 되었을 때 타인을 용서할 힘이 생깁니다. 그런 까닭에 예수님도 우리가 '주님의 기도'를 바칠 때마다, 날마다 이 말을 되풀이하게 하십니다. 삭막한 사회일수록 가정과 같은, 서로 용서를 주고받는 법을 배울 만한 공간이 필요합니다.

Padre nostro che sei nei cieli,

sia santificato il tuo nome,

venga il tuo regno,

sia fatta la tua volontà

come in cielo così in terra.

Dacci oggi il nostro pane quotidiano,

e rimetti a noi i nostri debiti

come noi li rimettiamo ai nostri debitori,

e non ci indurre in tentazione,

ma liberaci dal male.

8

저희를 유혹에
빠지지 않게 하소서

—

절망은 일종의 유혹입니다. 끝에서 두 번째 청원, '우리를 유혹에 빠지지 않게 하소서.'라는 구절에 이르렀습니다. 친구들이, 어떤 이는 신앙이 있고 어떤 이는 없지만, 간간이 제게 묻습니다. "마르코 신부님, 하느님이 우리를 유혹에 빠뜨리실 수 있나요?" 그래서 저는 이 청원을 '사탄이 저를 유혹하더라도 그자가 기만하는 덫에 걸리지 않게 저를 도와주소서.'라고 읽고 싶습니다. 하느님이 저를 유혹에 빠뜨리신다고는 믿어지지 않습니다.

그것은 좋은 번역이 아닙니다. 이탈리아 주교 회의가

내놓은 최신 번역판 복음서(루카 11:4, 마태오 6:14)를 보면, '유혹에다 저희를 버려두지 마소서.'라고 나옵니다. 프랑스인들도 본문을 가다듬어 '저희가 유혹에 떨어지게 버려두지 마소서.'라는 뜻으로 번역했습니다. 떨어지는 것은 나 자신입니다. 그분이 나를 유혹에 던져 넣으신 다음, 유혹에 떨어져 있는 나를 내려다보시는 게 아닙니다. 우리를 유혹에 끌어들이는 것은 사탄입니다. 그게 사탄의 본업입니다. 그러므로 우리 기도는 이런 뜻이지요. "사탄이 저를 유혹에 끌어들일 때, 당신께서 제발 제게 손을 내밀어 주십시오. 당신 손을 뻗어 주십시오." "주님, 저를 구해 주십시오. 저, 지금 빠져 죽습니다. 손을 뻗어 주십시오!" 물에 빠져 울부짖던 베드로에게 예수님께서 손을 내밀어 붙잡으시던 장면처럼 말입니다(마태오 14:30~31 참조).

교도소 저희 본당에서는 아침마다 사탄이 속삭이는 제일 큰 유혹이 이것입니다. 어쩌면 마음을 사로잡는 유혹입니다. '그냥 놔둬. 아무것도 안 변해. 때를 다 놓쳤어.' 제가 보기에 절망한다는 것은, 더 이상 예수님을 향해 시선을 돌리지 않는다는 뜻입니다.

그분이 희망이십니다, 여전히!

그런데 이 말도 참말입니다. 제가 유혹을 받을 적에 하느님께서 얼마나 큰 은혜를 주셨는지 제 마음에 헤아리게 됩니다. 유혹을 받지 않았더라면 아마도 감사하지 못했을 겁니다. 제 고장에서는 '유혹을 당해 보지 않고선 누구도 순결하다 뽐내지 말라.'라는 말이 있습니다.

맞아요. 그럴싸한 속담입니다.

언제나 희망이 되시는 우리 아버지

'자애로운 아버지의 비유'[21]를 생각해 봅시다. 예수님 말씀은 자기 아들들에게 사랑만 주는 아버지 이야기입니다. 그는 (아버지 생전에 유산을 달라는) 아들의 건방진 행동을 벌하지도 않고, 그 아들한테 자기 몫의 유산을 그냥 내맡겼을 뿐 아니라, 집에서 나갔는데도 그냥 둘 정도입니다. 예수님 말씀은 하느님이 아버지시라는 것입니다. 인

21. 앞에서는(각주 5 참조) '잃어버린 아들의 비유'라고 했다.

간 방식으로 사는 아버지를 뜻하는 게 아닙니다. 세상에
는 저 비유의 주인공처럼 행동하는 아버지는 하나도 없
습니다. 하느님은 당신 방식대로 아버지십니다. 선하시고,
인간의 자유의지 앞에서 무방비하시고, '사랑한다'는 동
사를 실현하는 것 외에는 다른 능력이 없으신 아버지십
니다. 반항아 아들이 온갖 망나니짓을 다 저지르고서 결
국 고향 집으로 돌아올 적에도 아버지는 인간이 만든 정
의의 기준을 적용하지 않으십니다. 무엇보다 그냥 용서해
줄 필요만 느꼈습니다. 아들을 품에 끌어안고서, 아들이
없던 그 오랜 세월 마냥 아들이 보고 싶었다는 점만 일깨
워 줍니다. 정말 가슴 아프게 보고 싶었다고, 아버지의 사
랑으로, 부정父情으로 보고 싶었다고.

하느님은 도저히 헤아릴 수 없는 신비입니다. 당신 자녀
들을 상대로 이런 방식의 사랑을 간직하고 계시는 하느님
이시라니!

아마도 바로 이런 이치 때문에 사도 바울로가 그리스
도 신비의 핵심을 일깨우면서, 예수님이 입 밖에 내신 '아
빠Abba'라는 아람어 단어를 그리스어로 번역할 필요를 느
끼지 않았는지도 모릅니다. 성 바울로는 서간집에서 두
번(로마 8:15, 갈라 4:6)에 걸쳐 이 주제를 다루면서, 두 번

다 이 단어를 번역하지 않은 채 남겨 둡니다. 예수님의 입술에서 피어나던 형태 그대로, '아빠'로 남겨 둡니다. '아버지'라는 말보다 훨씬 친근한 용어입니다. 혹자는 '파파' 또는 '밥보'라고 옮기기도 하지만요.[22]

사랑하는 형제자매들이여, 우리는 결코 혼자가 아닙니다. 우리가 하느님에게서 멀어질 수도 있고, 적개심을 품을 수도 있으며, 심지어 '하느님은 없다'고 공언할 수도 있습니다. 그러나 예수 그리스도의 복음이 드러내는 것처럼, 하느님은 우리 없이 사실 수 없습니다. 그분은 '인간이 없다면' 결코 하느님이 아니십니다. 우리 없이 못 사는 분은 그분이십니다. 이것은 참으로 위대한 신비입니다. 하느님은 인간 없이는 하느님이 아니라는 사실은 위대한 신비입니다. 그리고 이런 확실성이 바로 우리가 갖는 희망의 원천입니다. '주님의 기도'의 모든 청원에 이런 희망이 서려 있음을 발견합니다.

도움이 필요할 때, 예수님은 우리더러 포기하라고 하지 않으십니다. 우리 자신 속에 스스로 가두라고 하시지도 않습니다. 아버지께 말씀드리라고, 신뢰하는 마음으로 그분께 청하라고 하십니다. 우리의 온갖 필요와 제일 분명

---

22. 이탈리아어로는 'papá' 또는 'babbo'라는 애칭을 쓴다.

하고 일상적인 것들, 즉 음식, 건강, 일자리로부터 용서받고 유혹에서 버텨 낸 일까지, 이 모든 게 우리가 사고무친한 처지가 아님을 보여 주는 거울입니다. 늘 사랑으로 우리를 지켜보시는 아버지가 계십니다. 우리를 절대 버려두지 않으시는 아버지 말입니다.

이제 여러분에게 제안을 하나 하겠습니다. 우리 누구나 상당한 문제와 필요를 지니고 삽니다. 잠시 침묵을 지키면서 이런 문제, 저런 필요를 헤아려 봅시다. 그리고 '아버지'도 생각합시다. '우리 아버지'. 우리 없이는 못 사시는 아버지. 지금 이 순간에도 우리를 지켜보시는 아버지. 그러니 우리 모두 기도합시다. 신뢰와 희망을 품고 모두 함께 기도합시다. "하늘에 계신 우리 아버지…."

Padre nostro che sei nei cieli,

sia santificato il tuo nome,

venga il tuo regno,

sia fatta la tua volontà

come in cielo così in terra.

Dacci oggi il nostro pane quotidiano,

e rimetti a noi i nostri debiti

come noi li rimettiamo ai nostri debitori,

e non ci indurre in tentazione,

ma liberaci dal male.

9
악에서 구하소서

—

밀알과 가라지는 추수 때까지 함께 익어야 합니다. 거두는 시기를 앞당기지 말아야 합니다. 그때가 되어야 가라지가 불에 살라질 것입니다. '악에서 구하소서!' '주님의 기도'는 이렇게 끝납니다. 나폴리 맞은편 니시다 섬에 있는 미성년자 교도소에서 어떤 소년이 저에게 참 감동적인 신뢰를 전해 주었습니다. "한 문장이에요. 저녁이면 잠들기 전에 담요 밑에서 제가 반복하는 구절입니다. '주님, 악에서 저를 구하소서.'" 열여섯 살 소년에게서 그런 말을 듣다니! 악의 실체를 구체적으로, 모조리 간파하는 기분이 들었습니다. 교황님의 교리 교육에서는 사탄과 그 가면 얘기를 무척 자주 하십니다.

　악이란 그런 것입니다. 악은 밀라노의 안개처럼 만질 수 없는 무엇이 아닙니다. 사탄은 한 인격체이며, 아주 교활한 자입니다. 주님 말씀대로, 그자는 쫓겨나면 그냥 갑니다. 그러나 얼마 후에 잠깐이라도 정신을 놓으면, 때로는 여러 해 뒤에라도, 먼저보다 더 못된 모습으로 돌아옵니다. 그자는 집에 침입자로 들어가지 않습니다. 오히려 사탄은 매우 예의가 바릅니다. 문을 두드리고 초인종을 누르고 특유의 매력을 띤 채, 동료들을 거느리고 들어갑니다. 끝으로, '악으로 떨어지게 버려두지 마소서.'라는 구절의 의미가 바로 이것입니다. 좋은 뜻에서 우리도 '교활'해져야 합니다. 민첩해야 합니다. 사탄의 거짓말을 간파하는 능력이 있어야 합니다. 사탄과는 대화할 수 없다고 저는 확신합니다. 예수님은 사탄과 어떻게 하셨습니까? 사막에서 일어난 사건처럼, 그자를 쫓아내거나 하느님의 말씀을 이용하거나, 둘 중 하나입니다. 예수님마저도 사탄과는 한 번도 대화를 시작하신 적이 없습니다. 그자와 대화를 시작하면 그대는 이미 진 것입니다. 그자는 우리보다 더 똑똑합니다. 그대를 엎어뜨리고, 머리를 돌게 만들고, 그러다가 결국 그대가 지고 맙니다. 그래서는 안 됩니다. "물러가라! 썩 물러가라!"라고 예수의 이름으로 외치세요.

한번은 성하께서 대시인 레옹 블롸Leon Bloy의 구절을 인용하신 글을 읽으며 크게 감동한 적이 있습니다. "하느님께 기도하지 않는 사람은…"

"…사탄에게 기도하는 것이다."

다른 선택의 여지가 없습니다. 또, 성하께서는 '악'은 대문자로 쓴다고 저희에게 말씀하십니다.[23]

정말 그렇습니다.

우리 집 안에서도 그렇습니까?

그래요, 집 안에서도. 하지만 사탄은 간사하고, 우리한테 좀 배운 자처럼 꾸며 댑니다. 우리 사제들에게, 우리

---

23. '악'male을 대문자 Male과 같이 고유명사로 표기한다는 것은 악을 일종의 인격적 실체처럼 바라보고 경계하는 태도라고 해석할 수 있다.

주교들에게 그렇게 행세합니다. 우아하게 들어옵니다. 그러나 제때 알아차리지 못하면 파국에 이릅니다.

좋은 밀알 사이에 자라는 가라지

좋은 밀알과 가라지의 비유(마태오 13:24~30, 36~43)는 세상에 존재하는 악의 문제를 정면으로 대하는 동시에 하느님의 인내를 돋보이게 합니다. 주인이 좋은 씨앗을 뿌린 밭에서 사건이 발생합니다. 어느 날 밤, 원수가 와서 그 밭에 가라지를 뿌립니다. 가라지라는 단어는 히브리어로 사탄과 같은 어근에서 유래하는데, '분열'의 의미를 지닙니다. 악마가 '분열의 씨앗을 뿌리는 자'라는 것은 우리 모두 압니다. 언제나 사람들을 가르고 가족을 가르고, 국가와 국민을 갈라놓으려고 벼르는 작자입니다. 종들은 그 해로운 풀을 당장 뽑아 버리려 하는데 주인이 말립니다. 동기는 이렇습니다. "너희가 가라지들을 골라내다가 밀까지 함께 뽑을지도 모른다(마태오 13:29)." 알다시피 가라지는 자라면서 좋은 밀과 아주 비슷해지며, 그래서 둘을 혼동할 위험이 있습니다.

비유의 가르침은 이중적입니다. 세상에 있는 악은 하느님으로부터 오지 않고 그분의 원수 악마에게서 옵니다. 흥미롭게도 악마는 밤에 가라지를 뿌리러 옵니다. 어둠 속에, 혼란 속에 찾아옵니다. 빛이 없는 곳에 가서 가라지를 뿌립니다. 이 원수는 능글맞습니다. 선 한가운데 악을 심습니다. 그래서 우리 인간들이 선명하게 구별해 내기가 불가능합니다. 그렇지만 하느님께서는 가능하며, 종말이 오면 심판하실 겁니다.

바로 여기서 두 번째 주제가 나옵니다. 종들의 성급함과 주인의 참을성 있는 기다림이 대조를 보입니다. 주인은 하느님을 말합니다. 우리 인간은 자칫 아주 성급하게 판단하고 분류하여 선인은 여기에다, 악인은 저기에다 세워 놓습니다. 그러니 여기 오만불손한 사람의 기도를 기억해 두십시오. "오, 하느님! 제가 다른 사람들처럼 악하지 않고 선량하니 하느님께 감사드립니다(루카 18:11~12 참조)." 그 대신 하느님은 기다릴 줄 아십니다. 그분은 각 사람이 살아가는 인생의 '밭'을 지켜보십니다. 인내로, 자애로 지켜보십니다. 때 묻은 곳과 악이 깃든 곳을 우리보다 훨씬 잘 알아보십니다. 아울러 선의 싹도 보고 신뢰하시며, 그것이 익기를 기다리십니다. 하느님은 인내심이 있고 기다릴 줄 아십니다. 우리 하느님은 참을성 있는 아버지이십니다. 늘 우리를 기다리십니다. 애를 태우며 우리를 맞이하고 용서하시려고, 늘 우리를 기다리고 계십니다. 우리가 당신께 가면 언제라도 우리를 용서하십니다.

주인의 태도는 희망의 자세입니다. 이 희망은 악이 시작은 물론이고 끝도 아니라는 신념에 바탕을 두고 있습니다. 하느님의 이 참을성 있는 희망 덕분에 가라지, 다시 말해서 많은 죄를 지닌 악한 마음도 마지막에는 선한 밀알이 될 수 있습니다. 하지만 조심할 것이 있습니다. 복음에 나오는 인내가 곧 악에 대한 무분별은 아닙니다. 선과 악을 혼동해서는 안 됩니다. 세상에 현존하는 가라지를 두고 주님의 제자는 하느님의 인내심을 본받으라는 부름을 받습니다. 선의 궁극적 승리, 곧 하느님의 승리에 대한 희망을 배양해야 합니다. 이는 무너지지 않는 신뢰심으로 지탱하는 희망입니다.

실제로 마지막에는 악이 사라지고 제거될 것입니다. 추수 때, 즉 심판의 때에 추수꾼들이 주인의 명령을 수행하여 가라지를 따로 모아서 불사를 것입니다(마태오 13:30 참조). 마지막 추수의 날, 심판관은 예수님이십니다. 그분은 세상에 좋은 밀을 뿌리셨고, 당신 스스로 하나의 '밀

알'이 되어 돌아가시고 부활하셨습니다. 최후에는 우리
모두 심판을 받을 것입니다. 우리가 남을 심판한 그 잣대
로 우리도 심판받습니다. 또한, 남들에게 베푼 자비심은
우리에게도 적용될 것입니다. 우리 어머니 성모님께 청합
시다. 인내 중에, 희망 속에, 자비심으로 모든 형제와 더
불어서, 우리가 나날이 성장하게 도와주십사 청합시다.

Padre nostro che sei nei cieli,

sia santificato il tuo nome,

venga il tuo regno,

sia fatta la tua volontà

come in cielo così in terra.

Dacci oggi il nostro pane quotidiano,

e rimetti a noi i nostri debiti

come noi li rimettiamo ai nostri debitori,

e non ci indurre in tentazione,

ma liberaci dal male.

10
주님의 기도

—

아름답기 그지없는 이 기도의 끄트머리에 왔습니다. 모든 기도 가운데 가장 아름다운 기도입니다. 시몬 베이유[24]가 지적했듯, '주님의 기도'에 이미 포함되지 않은 기도문은 더 이상 문자로 기록되지 않았을 것입니다. 먼 길을 돌아 길게 끌어온 얘기를 끝마치는 뜻에서 자백합니다. 제가 성찬을 집전할 때면, 이 기도를 암송하기 전에 사제의 입에서 나오는 이 두려운 구절이 늘 놀랍습니다. '구세주의 분부대로 삼가 아뢰오니' 또는 '주님께서 친히 가르

---

24. Simone weil(1909~1943): 프랑스의 철학자. 대표작으로 종교 명상집 『중력과 은총』(1947)이 있다.

쳐 주신 기도를 다 함께 정성 들여 바칩시다.'라는 구절입니다.[25] '감히 말씀드리오니'는 발끝을 들고 목소리를 낮추게 만드는 신기한 구절입니다. 우리가 다 함께 입 밖으로 말할 적에야 '아버지'라는 소리가 감히 나올 듯합니다. 혼자 고립된 지경에서는 그리스도교가 아예 존재도 못할 것 같은 생각이 듭니다.

'주님의 기도'를 바치려면 용기가 있어야 합니다. 진정 용기가 필요하죠. 내 뜻은 이러합니다. 정말 하느님이 아버지라고 믿기로 작심하십시오. 나와 동행해 주시고, 나를 용서하시고, 나에게 먹을 것을 주시고, 내가 청하는 것은 다 귀담아들어 주시고, 나아가서는 들의 꽃보다 더 잘 입혀 주시는 아버지 말입니다. 믿음을 갖는 일, 이것도 하나의 거창한 모험입니다. 정말 그렇지 않던가요? 그래서 모두 함께 기도를 바칩니다. 함께 기도하는 일은 참으로 아름답습니다. 감히 우리가 그렇게 할 수 있도록, 서로

25. 라틴어 미사경문에는 '주님의 기도' 직전의 기도문이 "구원에 유익한 분부를 받잡고 또 거룩한 가르침으로 양성되어 감히 말씀드리오니 (præcéptis salutáribus móniti, et divína institutióne formáti, audémus dícere)"라는 단일 예식문으로 나오고, 이하의 대담은 이 예식문을 따르고 있다.

서로 도움이 되어야 합니다.

성하께서 교리 교육을 하실 때, 모세의 인물상을 말씀하시면서 기도하는 일은 하느님과 '협상'하는 일이라고 하셨습니다. 제가 백성을 대표하는 처지라면 마음을 다져 먹고서 감히 하느님과 교섭을 하는 입장이 되어 이런 말씀을 드릴 것입니다. "제발 부탁입니다. 진정하십시오! 저희 체면을 봐주십시오! 맞습니다, 저희가 불충했습니다. 하지만 저흰 주님의 백성입니다." 이래서 기도가 협상이군요.

아브라함도 하느님과 협상했습니다. 소돔과 고모라를 멸망시키시겠다는 하느님과 말입니다(창세기 18:20~32 참조). 아브라함은 그 도성의 의로운 사람들을 편들어 중재를 서겠다면서, 하느님과 줄다리기를 하고 절충을 벌입니다. 하느님도 아브라함에게 응하시면서, 그 도성에 의로운 사람이 서른 명, 아니 스물다섯 명, 아니 스무 명, 아니 열 명만 있으면 멸망시키지 않겠다고 협상하십니다.

한 사람으로도 충분했을지 모릅니다. 하느님은 마치 걸

인처럼 당신의 구원을 손에 들고서 그 도성으로 들어가
시는 처지였으니까요. 그런데도 그날 그 도성엔 단 한 사
람도 없었다는 말이지요.

＊＊＊

프란치스코 교황님, '주님의 기도'를 두고 저희에게 '아
빠'처럼 말씀을 건네주셔서 고맙습니다. 교황님 어렸을
적에 '주님의 기도'를 누가 가르쳐 줬습니까?

할머니요, 할머니.

그런데 하루 중 성하도 모르는 사이에 '주님의 기도'를
바치는 일이 생깁니까?

나도 모르는 사이에 바치는 일은 없습니다. 하지만 기
도하겠다고 나서면 즉각 이 기도가 나옵니다.

저희 만남을 끝맺으며 성하께 선물을 드리겠습니다. 제
가 가진 것이라야 제 양들의 냄새, 제 양 떼의 냄새뿐이

라는 점에서[26] 괴테의 한 구절을 들려 드리겠습니다. "부
친들에게서 상속받은 것을 참으로 소유하고 싶거든 그것
을 다시 자기 것으로 만들어라." 저희에게 '주님의 기도'
는 상속 재산입니다. 그래도 그냥 상속받는 것으로는 부
족합니다. 그것을 소유하고 있다는 말을 할 수 있으려면,
제가 다시 내 것으로 만들어야만 합니다.

그래서 뿌리로 돌아가는 일이 중요합니다. 무엇보다도
지금처럼 뿌리 뽑힌 사회에서는 더욱 그러하죠. 우리는
뿌리로 돌아가야 하고, 뿌리를 되찾아야 합니다.

저희가 돌아선 아버지, 저희를 기다리는 아버지가 계시
다는 것을 절실하게 느끼는 일이죠.

그런 뜻에서 저는 청소년과 조부모가 대화를 나누는
일이 참 마음에 듭니다. 그런 대화는 뿌리로 돌아감을 의

26. 본래 프란치스코 교황의 표현이다. "복음을 전하는 공동체는 말과 행
    동으로 다른 이들의 일상생활에 뛰어들어 그들과 거리를 좁히고, 필요하
    다면 기꺼이 자신을 낮추며, 인간의 삶을 끌어안고 다른 이들 안에서 고통
    받고 계시는 그리스도의 몸을 어루만집니다. 따라서 복음 선포자들은 '양
    들의 냄새'를 풍기고, 양들은 그들의 목소리를 알아듣습니다."(「복음의 기
    쁨」 24항)

미하기 때문입니다.

'주님의 기도'를 함께 암송합시다.

하늘에 계신 우리 아버지,
아버지의 이름이 거룩히 빛나시며,
아버지의 나라가 오시며,
아버지의 뜻이 하늘에서와 같이
땅에서도 이루어지소서.
오늘 저희에게 일용할 양식을 주시고,
저희에게 잘못한 이를 저희가 용서하오니
저희 죄를 용서하시고,
저희를 유혹에 빠지지 않게 하시고,
악에서 구하소서.

할머니, 할아버지의 기도는 부유한 재산이다

노인들, 즉 할머니, 할아버지의 기도는 교회에 선물이
됩니다. 일종의 재산입니다. 인간 사회 전체를 위해서도,

현명함을 공급해 주는 큼직한 주사입니다. 더구나 너무나 분주하고 강박적이며 산만한 사회를 위해서는 더 그렇습니다.

그런 사회라도 누군가는 노래를 불러 줘야 합니다. 그런 사람들에게도 하느님의 징표를 노래하고 선포해야 하고, 그들을 위해서 기도해야 합니다. 베네딕토 16세를 생각해 봅시다. 당신 생애의 마지막 고비를 기도와 하느님 말씀을 경청하는 데 전념하기로 택하셨습니다. 참 아름답습니다! 지난 세기의 위대한 신앙인, 정교회 전통의 인물 올리비에 클레망[27]은 자주 이런 말을 했습니다. "더 이상 기도하지 않는 문화는 노령老齡이 더 이상 의미 없는 문화다. 가공할 일이다. 우리에게는 무엇보다도 기도하는 노인들이 필요하다. 우리에게 노년이 주어지는 것은 기도하기 위함이다." 바로 이 일을 위해서 우리에게 노년이 주어졌습니다. 노인들의 기도, 그것은 참 아름답습니다.

우리 (노인들은) 먼저 주님께 받은 은혜를 두고 '감사'를 드릴 수 있습니다. 우리 주변을 에워싸고 있는 배은망덕의 공백을 메울 수 있을 것입니다. 또, 우리로서는 새 세

---

27. Olivier Clement(1921~2009): 정교회 신자로서 일평생 프랑스에서 그리스도교 일치와 종교 간 대화를 촉진한 학자이자 문필가다.

대들의 기대에 부응하여 '전구轉求'할 수 있고, 지나간 세대들의 기억과 희생에 품위를 선물할 수 있을 것입니다. 야심 찬 젊은이들에게, 사랑 없는 삶은 삭막한 삶이라고 일깨워 줄 수도 있습니다. 두려움에 찬 젊은이들에게는 불안은 극복 가능하다고 말해 줄 수 있습니다. 자기애에 너무 함몰된 젊은이들에게는 받는 일보다 주는 일에 더 큰 기쁨이 있다고 가르칠 수 있습니다. 할머니, 할아버지는 영적 성지聖地를 널따랗게 이루고, 그곳에서 상설 '합창단' 노릇을 할 수 있습니다. 그곳에서는 탄원의 기도와 찬미의 노래가 사회 공동체를 떠받칠 것입니다. 생명의 뜨락에서 일하고 씨름하는 공동체 말입니다.

끝으로, 기도는 '끊임없이 마음을 정화'합니다. 하느님께 올리는 찬미와 애원은 그 자체로도 울분과 이기심 속에서 마음이 냉혹하게 굳어 버리는 것을 예방합니다. 자기 삶이 주는 증언의 가치를 놓쳐 버린 노인의 냉소주의란 얼마나 추합니까? 젊은이들을 멸시하고 삶의 지혜를 주고받지 않는 냉소주의는 얼마나 흉측합니까? 반면, 노인이 신앙과 삶의 의미를 찾아 나가는 열정을 젊은이에게 성공적으로 전수하며 격려하는 모습은 얼마나 아름답습니까? 참으로 할머니, 할아버지가 가져야 할 사명입니다. 노인의 소명이 이것입니다. 노인의 말씀은 젊은이에게 특별한 무엇입니다. 젊은이 또한 그 점을 압니다. 우리 할머니가 나한테 손수 적어서 전해 주신 글, 내 사제 서품일에 적어 주신 글을 나는 지금도 간직하고 다닙니다. 성무일도[28]에 늘 끼워 넣고 자주 읽는데, 기분이 참 좋습니다.

나는 '폐기 문화'에 저항하는 교회를 희망합니다. 청년들과 노인들 사이에 새로이 포옹이 이루어지며, 넘치는 기쁨을 갖고서 위와 같은 문화를 이루고자 도전하는 교회 말입니다. 내가 오늘날 주님께 청하는 바가 바로 이런 포옹입니다!

28. 성무일도聖務日禱: 매일 정해진 시간에 하느님을 찬미하기 위해 교회에서 드리는 공적公的인 기도로, 성직자와 수도자의 의무다.

감옥에서 바치는 '주님의 기도'

나는 파도바 교도소에서 출발했다. '주님의 기도'에 관한 종이 한 묶음을 들고서. 감옥이라는 지옥은 우리 땅 변방에 해당하는데 프란치스코 교황님의 미소는 우리의 위안이었다. 기차가 속도를 늦추자 고가도로 담벼락의 낙서가 보였는데, 영원한 도성이 우리를 맞이한다는 환영사가 휘갈겨져 있었다. "기초 없는 고층은 잊어버려라!"[29]

2017년 8월 4일이었다. '주님의 기도'를 두고 교황님과 대담을 했다. 어느 텔레비전 방송에서 방영될 인터뷰였

---

29. Senza la base, scordatevi le altezze!: 2015년 이탈리아 지방 선거에서 사용된 표어로, 젊은이들에게 사회 참여를 촉진하는 구호가 되었다.

다. 산타 마르타[30]에서 승강기 문이 열리자 교황님이 벌써 거기 서 계셨다! 기쁨에도 여러 종류가 있지만, 누가 나를 기다리고 있다는 사실을 알 때가 가장 기쁘다. "여기 앉아요. 겉옷은 벗으시고. 오늘 더워요." 그분께 내 소개를 하고, 내가 아는 엔리코니 마르지오니, 성질이 난폭하고 행동도 그러한 사람들의 근황을 들려 드렸다. 산타 마르타의 그 둥근 방에서 나는 그분에게 교도소에서 내가 겪는 아슬아슬한 일화들과, 거기서 얻은 잔잔한 감동과 애정, 웃음과 미소를 미주알고주알 말씀드렸다. 아들이 아버지에게 하듯 스스럼없이 내 이야기를 다 털어놓았다. 그분은 편안한 얼굴로 응대해 주셨다. "마르코 신부님, 자기 죄를 부끄러워할 줄 아는 것보다 더 큰 은총이 없습니다."

교황님 책상 위에는 우리가 그간 주고받은 편지들이 놓여 있었다. 그 문건들이 그야말로 소중하게 다루어졌음을 알아챘다. 평범한 사제 한 사람의 말이, 교황님의 빈틈없고 예언자다운 말씀들과 나란히 놓여 있는 것을 보니 참 기분 좋았다.

---

30. Santa Marta: 바티칸의 손님용 숙소. 프란치스코 교황은 교황궁에 들지 않고 이곳에서 숙식하며 평상의 집무를 본다.

"자, 시작해 봅시다. 다섯 시까지 얼마 안 남았어요. 아래층에서 사람들이 우리를 기다립니다. '주님의 기도'라니, 어떻게 대담을 꾸려 나가면 좋을까요?"

약간 대담한 제안이 내 머리에 떠올랐다. 미리 적어 온 요점은 그냥 덮어 두고, 예정 없이 대화를 진행해 나가기로 했다.

교황님이 웃으셨다. 아버지의 웃음이었다. 진정성이 있고 무난한 대담이 무엇인지 안다는 아버지의 웃음이었다. 대담을 나누려고 자리에 앉자 벌써 한참이나 얘기를 나누고 있었음을 알아차렸다. 그분이 아버지 같다고 느끼자, '우리' 아버지이신 분에 관해서 원만하게 얘기를 나눌 수 있었다.

하늘에 계신 '우리 아버지'.

인터뷰 말미에 프란치스코 교황님은 선물을 하나 쥐어 주셨다. "받아요. 집에 가져가요. 뭔가 초조한 일이 생기면 이분에게 기도하세요." 석고로 조그맣게 만든, 잠자는 성 요셉 성상이었다. 목수의 이미지로 교황님이 특히 좋아하시는 모습이었다. 사람들 가운데서, 하느님을 당신 가게의 조수로 부려먹었노라고 자랑할 만한 유일무이한 목

수가 성 요셉이었다. 그리스도의 아버지였노라고 자랑할
만한 분이다.

교도소 사제. 걸인 교황. 잠자는 요셉. 내일 아침이면 하
느님이 나를 다시 교도소로 쫓아 보내시겠지. 말씀으로
무장하고 들어갈 테다, 주먹을 단단히 쥐고. 프란치스코
다운 말씀을 퍼뜨리러. 말하자면 교황님이자 아빠의 친근
한 말씀을 퍼뜨리러.[31]

* * *

엔리코는 성격이 거칠지만 참 자상하다. 나는 언제나
철창의 네 모퉁이로 둘러쳐진 그의 얼굴을 보았다. "나는
범죄란 범죄는 죄다 별처럼 달았어요." 죄악은 인간을 사
법부에서 만드는 자재 목록으로 만들어 버린다. 절도, 무
장 강도, 장물아비, 마약 거래, 살인, 위조, 배임, 테러….
그중 제일 안 좋은 것은, 남자로서 하는 말이지만, 법전에
명기되지 않은 범죄다. '아버지', 곧 아버지 노릇을 박탈당
하는 일이다.

"그 모든 죄목 가운데서도 가장 괴로운 것은 내 아들

31. 이탈리아어로 Papa(교황님)와 papà(아빠)는 악센트로 단어를 구분한다.

을 고아로 만들었다는 점이오. 아버지와 함께 자라날 권리를 아들에게서 빼앗았소. 그 애는 내가 이미 교도소에 들어와 있을 때 태어났소. 가끔이라도 그 아이가 자라 가는 모습을 본 것은 교도소 면회실에서였소. 이제 아들은 이탈리아 전국 교도소를 일주하고도 남을 지경이오.[32] 처음엔 기어서 오더니 그다음엔 걸어오고, 또 달려오더군요. 그런데 하루는 아예 멀리 달아나 버렸소. 그러고는 더는 날 찾아오지 못했소.”

엔리코는 노려보는 시선을 하고 있다. 그는 모든 것을 명쾌하게 바라본다. 그야말로 지옥을 대면하고 있는 영혼이랄까…. “아이를 부를 적에 나는 몸이 떨리오. 개가 뭐라고 물을지 나는 벌써 안다오. ‘아빠, 날 보러 언제 집에 와?’ 법원에서 내리는 판결에는 익숙해져서 아무렇지도 않소. 하지만 내 아들의 저 물음은 단두대의 칼날이라오. 그 말을 추스르기 위해 여러 날 밤을 뜬눈으로 새운다오. 악당으로 살아온 내 역사에는 피도 눈물도 없소. 그런데 내 아이한테서 내가 아비를 도둑질해 갔소. 그 아비가 바로 나란 말이오. 나는 나 자신에게 아들을 도둑맞았소. 내 평생을 간단히 간추려 보라고요? 아주 간단하

32. 이탈리아에서도 수인들은 수시로 교도소를 옮겨 다니며 수감된다.

지요. 난 우리 아버지의 훌륭한 '이름'에 먹칠을 했소이다. 착실한 우리 아버지는 베네토 시골의 정직한 농부였소. 난 열여섯 살에 이미 나한테 다른 '이름'을 날렸소. 은행, 금은방, 우체국 털이… 체포 그리고 영창. 내가 처음으로 집에 돌아가자 아버지가 이런 말씀을 하셨소. '문은 열려 있단다, 얘야. 네가 법만 지킨다면.' 일 년 뒤 다시 철창신세. 아버지는 결국 문을 닫아거셨소, 영구히!" 아버지들은 규칙을 적어서 자식들 눈앞에 흔들어 보이고, 어머니들은 자식이 벌인 짓거리를 변상하느라 서두르는 게 흔한 풍경이다. "어머니가 살아 계셨소. 어머니가 돌아가시게 되자 경찰이 임종을 지키라며 나를 데려갔소. 어머니는 내게 속삭이셨소. '기억해 두렴, 난 너를 정말 사랑했단다.' '엄마'라는 말을 입 밖에 내려니까 현기증이 났소." 문법적으로 볼 때 죄수에게 '하느님'은 여성 명사로 바뀐다.

하늘에다 틈새를 만들어 보라! 거대한 성채마저 무너질 것이다. "갈라진 틈새에 하느님이 잠복하고 계시다."[33] 벽으로 막아 버린 문을 여는 일. 문들이 있고 문들이 있다. 자동문, 손으로 여닫는 문, 왔다 갔다 하는 문, 철문, 황동문, 청동문…. 강도에게는 '자비의 문'이라는 것을 찾

33. 67쪽 역자 주 13 참조.

아낸다는 말이 조롱처럼 들릴 거다. 한 일 년이면 저 늑대처럼 으르렁거리던 사람들은 문도 필요 없을 테고, 빗장을 열어 줄 필요도 없어질 거다. 하느님의 문은 '자비'라는 이름을 지니고 있다. 엄청나게 쏟아지는 자비, 교황님의 선포가 이것이다.

"내가 젊었을 때 나는 악의 '의지'라는 것과 결혼했소.[34] 작년에 사람들이 나한테 진지하게 말을 걸어왔소. '몸조심해라. 그다음에 돌아와서 옥살이를 마저 끝내라.' 죄수가 교도소 밖으로 내던져지다니! 도저히 양립할 수 없는 두 낱말이오. 교도소마저 나를 싫어하다니! 암이 내 육체를 습격한 거요. 어디 가서 죽으란 말인가? 내 주변은 온통 초토화되어 있었소. 그분의 뜻이란 사형 선고였고. 그런데 어떤 사제가 나한테 자기 집 문을 활짝 열어 주었소. 나는 문을 억지로 열고 들어가는 버릇이 있는데 말이오. 삼십 년 옥살이 후에 내가 아직 살아남는다면, 그리고 내게 열린 문이 있다면, 그것만으로 '자비의 해'에 걸맞은 일일 거요. 그 문 앞에서 나의 옛 '왕국'은 결정적으로 죽어 버렸소. 그분의 '의지'가 이겼단 말이오."

길에서 우연히 마주치는 사람들은 그를 여느 사람과

34. 악의惡意만 품은 채 악바리로 살아왔다는 자백이다.

다름없이 '엔리코 씨'라고 부른다.

***

교황님과 인터뷰를 하는 동안 이미지 하나가, 생각 하나가 그 방을 환하게 비추었다. 역사의 진짜 주역은 걸인이다! 걸인의 얼굴은 하느님의 얼굴이기도 하다는 말을 나는 이해한다. 걸인은 이분을 사랑하고 이분에게 기도하고, 날마다 자기 곁에 함께 계심을 새로 발견한다! 이분은 갑작스럽기만 하고, 도저히 예측할 수 없는 분이다. 하늘에서 떨어진 그 많은 선포 가운데 가장 어리둥절한 것이 바로 이것이다. 늘 그렇지만 아직도 똑같다. 영원이 시간과 어깨를 나란히 하러 오기로 결단을 내렸다. 시간이 영원 속에 살러 왔다.

구걸하는 하느님. 무력함 속에 능하신 하느님. 감옥의 냄새나는 누더기 속에 몸을 웅크리신 하느님. 구걸한다는 단어는 궁핍의 동사다. 가난뱅이의 일상, 도회지 회랑 밑에 등 굽은 여인, 쓰레기 더미 속에 파묻힌 남자, 철창에 갇힌 죄수, 난파선을 타고 밀려드는 난민들, 장애인들, 실업 수당을 받는 자들… 우리 가까이에 보이는 삶의 군상이다. 예수님을 본다면, 프란치스코의 하느님은 분명 구걸하는 하느님이시다. 주의를 한껏 기울여야 그분의 실상을 알아본다. "그에게는 풍채도 없고 우리가 바랄 만한 모습도 없었다." 고통의 사람, 병고에 익숙한 이, "남들이 그를 보고 얼굴을 가릴 만큼 그는 멸시만 받았으며, 우리도 그를 대수롭지 않게 여겼다(이사야 53:2~3)." 프란치스코가 사용하는 문법이 이것이다. 놀람의 하느님, 틈을 보이는 하느님, 잠복하고 있는 하느님, 예배를 받고-묵상을 받고-우리에게 먹히는 하느님.[35] 이렇게 수동태로 표현했을 때 이해할 수 있는 하느님, 그 수동태야말로 천상 은총이 허락한 능동태다. 하느님이 나를 놀래시도록 잠자코 있기. 하느님이 사랑하시도록 마음 열기. 하느님이 우리한테 마음을 쓰시게 마음 열기. 하느님만이 우리의 속사람부터 겉사람까지 다시 젊게 만드실 수 있음을 인정하기. "보라, 내가 모든 것을 새롭게 만든다(묵시록 21:5)."

가난뱅이 속에 하느님이 누워 계신다. "어느 감방도 하느님이 거처하지 못하시게 막을 만큼 멀리 떨어져 있지 않습니다." 투옥당한 사람에게 전하는 프란치스코의 선

---

35. adorato-meditato-mangiato: 카를로 마르티니Carlo Martini 추기경이 성체 성사의 신비를 표현한 문구다.

포, 그것은 자비다! "감방으로 들어가는 문을 지날 적마다 생각을 모아 아버지께 기도한다면, 이 동작은 '거룩한 문', 곧 희년禧年의 성문聖門을 통과하는 의미를 지닐 수 있습니다." 그것은 철창 뒤의 자유이자 안전의 보장이기도 하다. 나는 걸인의 비천한 혈통에 속하는데, 늘 그 점에 긍지를 느낀다. 걸인의 유일한 재산은 '결핍'이다.

교황님은 보쫄로로 순례하고 바르비아나로 순례하여 원장 신부의 무덤을 방문한다.[36] 교황님은 죄인들의 황폐한 감옥에서 세족례洗足禮를 거행한다. 람페두사 항구에 들어가서 난민들이 타고 온 배에 오른 교황님. 결혼한 사제들이 모여 사는 집 언저리를 지나가는 교황님. 구걸하는 교황님. 구걸하는 하느님의 우체부. '은밀하게 잠복하고 계시는 하느님'을 알아본다는 것은 사람이 구원받는 길일지도 모른다. 자기가 더 멋진 인간이라고 스스로 인정하는 길일지도 모른다. 만일 그렇지 않다면, 구걸하는 하느님의 침투에 익숙해지도록 단련하시라! 적어도 우리가 발에 신발을 신고 있을 때 하느님께서 우리를 발견하셨으면 좋겠다(탈출기 12:11 참조). 약속은 어디까지나 곁에 계시겠다는 것이다. 어느 적절한 기회에 어떤 방법으

36. 55쪽 역자 주 10 참조.

로 하실지는 하느님께 맡기고 기다리는 게 사랑일 거다.

걸인을 두고 한마디 더 하련다. 빵, 빚, 유혹을 피하기, 악마는 욕설로 쫓아내기. 이런 얘기를 할 때는 나도 교황님의 노선에 맞추고 싶다.

***

교도소에서, 면회실 구석에서 책 위에 몸을 웅숭그리고 있던 마르지오. 자기 자신을 이제 쓸모없는 사람으로 여겼다. 사람들이 그에게 '너 용케도 살아남았구나.' 하는 투로 인사를 건넸다. 지금은 거기서 보낸 계절들을 회상하면서 자유의 맛을 음미하고 있다.

"교도소에서는 비록 폐기물 같은 인간들 틈이었지만 연대감이 느껴졌다. 바깥에서는 그게 사라져 가는 걸 목격했다. 안에서는 적은 것을 나누면서도 모두가 덜 가난하다고 느꼈다. 혼자서 해 먹지 않는다. 물을 끓이려면 난로 두 개를 사용한다. 다른 하나는 소스를 만드는 용도였다. 수형자마다 난로를 하나씩 갖고 있다. 그럴듯한 파스타를 마련하려면 수형자 세 사람이 있어야 한다. 음식은 우애이기도 하다. 성탄절과 부활절에는 여러 날 전에 요리를 시작한다. 이거야말로 추억거리다. '소스가 우리 엄마가 만든 소스 같다.' '고기 소스는 우리 할머니가 하시듯이 만들고…' '멸치는 우리 앞바다 것이 좋고…' 빵에 곁들여 먹는 것은 취향대로 장만한다. 여기 안에서는 시간이 전혀 안 간다. 소음은 늘 같고, 숨죽여 키득거리고, 사방에서 삐걱거리고, 말소리는 목에서 메고… 갈매기가 끼룩거리는 소리, 하느님을 모욕하는 말들, 고함, 그리고 미사! 얼마나 여러 번 그 빵이 나를 내려다보고 내가 빵을 올려다보았는지 모른다. 말 그대로 그 빵이 나를 절망에서, 내가 파멸한 인간이라는 느낌에서 구해 줬다. 저 안에서는 우리가 종착지에 와 있다고들 생각했는데, 실은 내가 발사대에 올라와 있었음을 알겠다."

교도소에서는 십오 분마다 몇 년씩 늙어 간다. 열매가 무르익고 나면, 하늘은 다시 꽃 피우기를 기대하지 않는다. "너는 오늘 저녁 나와 함께 낙원에 있을 것이다(루카 23:43)." '오늘 저녁'은 인생의 수많은 시간들이 마침내 도착한 종착지다.

"징역을 사는 동안 나는 이중으로 아버지를 잃는 대가를 치렀다. 우리 아버지가 돌아가셨고, 나도 아버지로서는 죽은 셈이었다. 내가 이룬 가족이 흩어지는 것을 내 눈으로 보았다. 아마도 '절도단의 마누라', '구속자의 자식'이라는 사실이 너무도 부끄러웠을 것이다. 죄 없는 우리 식구들마저 그 동네 사람들의 탐조등에 걸려들었다. 용서를 빌라고? 정말 너무들 한다. 교도소에서 용서를 모아서 되돌려 주는 일부터 시작했다. 나는 용서를 받았고 나 자신을 저버리던 짓을 나도 용서하였다." 감방의 어둠 속에 어떤 빛이 비쳤다. "용서를 받기도 하고 베풀기도 했다. 때로는 갚을 빚과 받을 돈이 거의 동등해지는 게 인생이다. 그렇지 않을 수도 있겠지만. 어쨌든 나머지는 해결되지 않은 채로 남는다. 일종의 빚이었다. 나는 빼기지 않고 줬다. 그렇게 하는 것이 온당해 보였으니까."

마르지오가 기억하기로 교도소에서 무려 이천 밤을 더 보냈다. 처음에는 밤마다 숨이 막힐 것 같았다. 그 시멘트 구덩이가 목을 조르는 것 같았다. 그곳은 악의 소굴이었고 지옥이었다. '유혹'이 그를 꾄다. 그를 안심시키고 해체해 버린다. 그는 유혹의 고장에서 끝장나고 말았다. 가장 치명적인 유혹은 더 이상 삶을 감당 못 하게 만드는 것이었다. 항복해 버리고, 그냥 나태로, 허무로, 간이침대로 살라며, 자포자기하게 만들어 버린다. 그런 유혹은 마약과 같아서 파멸로부터 한두 걸음 떨어져 있을 뿐이다. 쏜살같이 그리로 달려간다. 그렇게 넘어뜨리고 나면 하늘이 조롱을 던진다. "죽음아, 너의 승리가 어디 있느냐? 죽음아, 너의 독침이 어디 있느냐?(코린토전서 15:55)" 바울로 사도의 말이기도 하고, 마르지오의 말이기도 하다. "내최선의 유혹은 바꿔 보겠다는 유혹이었다. 악은 내 삶을 파괴하였다. 유혹이었다. 이제 내가 인정하고 지옥 문턱에 와 있는 이상, 가장 거창한 유혹은 낙원을 손에 넣겠다는 것이다." '방랑자'가 고향으로 돌아왔다. "교도소에서 나왔지만, 세상이 볼 때 내 죄상은 그대로 남아 있었다. 아직도 사람으로 돌아오지 않았다. 아멘! 하느님의 시야에서 벗어나지 않으려고 노력하겠다." 죄악은 죽었고, 여기버림받은 인간은 하느님이 생각해 주실 것이다.

일종의 희열이 그를 우롱하고 있다. 엔리코 같은 가공할 문제아를 말싸움으로 넘어뜨린 그 희열. "누가 나를 악에서 구한단 말인가? 내가 얼마나 지독한 짓을 저질렀는가 보시라! 그런데 어느 날 누가 나를, 나 같은 강도를 날치기해 갈 줄은 생각도 못 했다. 문을 활짝 열어 주면서 말이다. 이 문은 진짜 내 감방이다. 나같이 늙수그레한 강도한테 왜 이런 사랑이 온 걸까? 이젠 많은 게 변했다. 나는 악에서 구해졌다. 암흑가의 삶, 그게 나에게 이제 무슨 소용인가?" 엔리코는 잠시 방황하다가 이제 다시 아버지에게 돌아온 것이다.

교도소 사무실을 나선다. 가까운 성당 종소리가 네 시를 알린다. 미사가 시작된다. 어제 성 베드로 광장에서도 네 시를 쳤다. 어제는 들어가는 철문을 지났는데, 오늘은 나오는 철문을 지난다. 열일곱 철문 중 마지막 문이다. 프란치스코는 눈길을 들고 당신의 대성당을 바라보고 계셨다. 저기 안에서 미켈란젤로는 대리석을 다듬고 피에타를 조각했었다. 나도 눈길을 들어 한 인간의 자취를 따라가 본다. 성령의 인도하심에 따라 그 사람은 감방 문을 매만져 성당으로 들어가는 거룩한 문으로 바꾸었다. 여인들 중 한 분에게서 지극히 자애로운 여인상을 창조하는 중이다. 교회는 죄수의 엄마와 같다. 파멸의 샛길에서도 아들을 위해 대가를 치르겠다며 당당한 표정을 짓는다.

마르지오는 지금 나랑 함께 지낸다. 몇 킬로미터 떨어진 곳에서는 엔리코가, 함께 지내는 사제들을 위해 파스타를 요리하고 있다. '주님의 기도'가 거기 있다.

우리에게는 아직도 정복할 만한 처녀지가 있다. 가엾은

그리스도들이 그곳에서 계속 일하고 있다. 그들은 자비가
무엇인지 몸소 보여 주고 우리를 지켜 준다.

– 마르코 포짜(Marco Pozza)

마르코 포짜 신부가 프란치스코 교황님과 한 인터뷰는 2017년 8월 4일에 있었다. 이탈리아의 TV2000 채널에서 이를 방영했다.
https://www.facebook.com/search/top/?q=Marco+Pozza&init=public

머리말은 2013년 6월 20일 산타 마르타 아침미사 강론에서 다듬은 글이다. '마음에 원수를 두고서는 주님의 기도를 바치지 못합니다.'라는 제목의 강론이었다.

각 장의 제목은 이렇게 따왔다.

너희를 고아로 버려두지 않겠다 (2015. 1. 28. 일반 알현)

아버지들과 주님의 기도 (2015. 2. 4. 일반 알현)

기도로 구원 사업에 참여하기 (2016. 7. 24. 삼종기도)

하느님 나라는 우리 참여를 요한다 (2015. 6. 14. 삼종기도)

하느님 뜻에 바친 마리아의 온전한 '예!' (2016. 12. 8. 삼종기도)

굶주린 이들에게 너희가 먹을 것을 주어라 (2016. 10. 19. 일반 알현)

선사하고 용서하는 훈련 (2015. 11. 4. 일반 알현)

우리 희망의 토대 (2017. 6. 7. 일반 알현)

좋은 밀알 속의 가라지 (2014. 7. 20. 삼종기도)

할머니, 할아버지의 기도는 재산 (2015. 3. 11. 일반 알현)

옮긴이: **성 염**(1942~)

가톨릭대학 신학사(1972), 광주 가톨릭대학원 신학석사(1976), 로마 교황립 살레시안대학교 라틴문학박사(1986)이다. 한국외국어대학교와 서강대학교 철학과 교수(1988~2005)를, 주교황청 한국대사(2003~2007)를 역임했다. 한국서양고전학회장, 서강대철학연구소장, 우리신학연구소장, 우리사상연구소장 등의 학회 활동과, 한국평신도사도직협의회, 한국천주교 정의평화위원회, 천주교인권위원회, 한국가톨릭교수협의회, 천주교정의구현전국연합 등의 사회 활동을 하였다. 저서로 『사랑만이 진리를 깨닫게 한다』, 『님의 이름을 불러두고』, 『라틴어첫걸음』, 『고전라틴어』, 『하느님을 만난 사람들』, 『미사해설』 들이, 아우구스티누스 역주서로 『고백록』, 『신국론』, 『삼위일체론』, 『자유의지론』, 『그리스도교 교양』, 『참된 종교』, 『아카데미아학파 반박』, 『행복한 삶』, 『질서론』 들이 있고, 기타 고전 역주서로 키케로의 『법률론』, 단테의 『제정론』, 피코 델라 미란돌라의 『인간존엄성에 관한 연설』 들이 있다. 일반 역서 중 대표작은 『신은 존재하는가』(한스 큉), 『인간의 죽음』(퀴블러로스), 『해방신학』(구티에레즈), 『아시아의 해방신학』(피어리스), 『아시아인의 심성과 신학』(송천성) 들이 있다.